高校入試対策

英語リスニング 練習問題

実践問題集 石川県版 2025年春受験用

JN132339

contents

K 教英出版

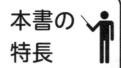

① 基本問題集（別冊）

英語リスニング問題を**7章の出題パターン別**に練習できる問題集です。
石川県公立高校入試の英語リスニング問題の**出題パターンを重点的に**練習できます。

② 解答集（別冊）

①基本問題集の解答・解説・放送文・日本語訳などを収録。すべての問題の**放送文と日本語訳を見開きページで見る**ことができ，単語や表現を1つずつ照らし合わせながら復習ができます。

③ 実践問題集石川県版（この冊子）

石川県公立高校入試の**過去問題**(2回分)と，形式が似ている**実践問題**(3回分)を収録。
石川県公立高校入試の**出題パターンの把握**や**入試本番に向けての練習**に最適です。

実践問題集 石川県版 の特長と使い方

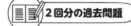 **2回分の過去問題**

石川県公立高校入試で**実際に出題された**問題です。

 **3回分の実践問題**

石川県公立高校入試と**出題パターンが似ている**問題です。

HOW TO 使い方

2ページの**過去の典型的な出題パターンと対策**で出題パターンを把握してから，**過去問題と実践問題**に進んでください。問題を解いた後に**解答例と解説**を見て，**答えにつながる聴き取れなかった部分を聴き直す**と効果的です。別冊の**基本問題集**で出題パターン別に練習して，**出題パターンに合った実力**をつけてからこの冊子に進むと，**過去問題と実践問題**をよりスムーズに解くことができます。

音声の聴き方

教英出版ウェブサイトの「ご購入者様のページ」に下記の「書籍ID番号」を入力して音声を聴いてください。

ID 163022 （有効期限 2025年9月）　　ＩＤの入力はこちらから→

去の典型的な出題パターンと対策

▶ 絵・グラフ… 対話や英文を聞き，絵やグラフを選ぶ　 別冊　第1章

放送文

> (Aya): I visited Okinawa for three days last week.
> (Bob): That's nice. It's snowy here today, but how was the weather in Okinawa?
> (Aya): It was rainy on the first day. But on the second day it was cloudy, and on the third day it was sunny at last.
> Question: How was the weather when the girl arrived in Okinawa?

対話を聞いて，質問に合う絵を**ア**～**エ**から1つ選び，記号を書きなさい。

問題

ア	イ	ウ	エ
晴　れ	くもり	雨	雪

▶ 英文と質問(複数)… 英文を聞き，複数の質問の答えを選ぶ　 別冊　第6章

放送文

> Now I'm going to talk about my classes in Japan. We often make groups and learn a lot of things from each other. Talking with the group members is very important for us because we can share different ideas. Here in America, I want to enjoy classes. So I will try to exchange ideas with you in English.
>
> Questions: No. 1 Why does Sakura talk in groups during her classes in Japan?
> No. 2 What does Sakura want to say in her speech?

英文を聞いて，それぞれの質問に合うものを**ア**～**エ**から1つ選び，記号を書きなさい。

問題

No. 1　ア　To make groups.
　　　イ　To write a letter.
　　　ウ　To share different ideas.
　　　エ　To see many friends.

No. 2　ア　How she learns in her classes.
　　　イ　Which university she wants to go to.
　　　ウ　When she decided to go to America.
　　　エ　Who taught her English in Japan.

▶ 作文… 対話や英文を聞き，英文で答える　 別冊　第7章

放送文

> Jack : Mom, can I have breakfast at 6 tomorrow?
> Mother : It's Saturday tomorrow. Do you have classes?
> Jack : No, we don't have school, but I have to get up early.
> Mother : Why?
> Jack : (　　　　　　　　　　　　　　)

問題

これから，中学生の Jack と Jack の母親との対話を放送します。その中で，母親が Jack に質問をしています。Jack に代わってあなたの答えを英文で書きなさい。2文以上になってもかまいません。

対策ポイント

絵・グラフの問題では，音声が流れる前に問題に載っている選択肢を比べて，流れる音声の内容を予想しよう。また，作文の問題では，2回の放送で質問の内容を確実に聞き取ろう。英文を作るのはその後で十分。難しい単語や文法は使わず，正しく書けるものを使って英文を作ろう。

〔聞くことの検査〕

A （英文を聞いて質問に答える問題）

B

No. 1

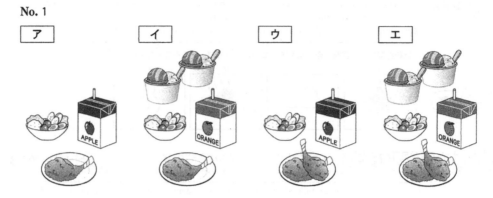

| ア | イ | ウ | エ |

No. 2

ア

Schedule	
Mon	Basketball Practice
Tue	Piano Lesson
Wed	
Thu	Basketball Practice
Fri	Basketball Practice

イ

Schedule	
Mon	Basketball Practice
Tue	
Wed	Basketball Practice
Thu	Library
Fri	Basketball Practice

ウ

Schedule	
Mon	Basketball Practice
Tue	Library
Wed	
Thu	Basketball Practice
Fri	Basketball Practice

エ

Schedule	
Mon	Basketball Practice
Tue	
Wed	Basketball Practice
Thu	Piano Lesson
Fri	Basketball Practice

C

Part 1

Today's Goal	To make a plan for Mr. Brown's 　ア　 during her stay
About Her	・Spend one week in our city ・Interested in Japanese pop culture and music ・Likes ⎧ reading Japanese 　イ　 　　　　⎩ playing some instruments
Mr. Brown's Plan	The first day: To take her to the summer 　ウ
	The second day: To take her to the biggest bookstore

Part 2

No. 1 （質問に続けて読まれる選択肢ア～ウから1つ選び，その符号を書きなさい。）

No. 2 （質問に続けて読まれる選択肢ア～ウから1つ選び，その符号を書きなさい。）

No. 3 （質問に対する適切な答えを英語で書きなさい。）

〔聞くことの検査〕

A

記入例	a	正	㊤誤	b	正	㊤誤	c	㊤正	誤
No. 1	a	正	誤	b	正	誤	c	正	誤
No. 2	a	正	誤	b	正	誤	c	正	誤

B

No. 1		No. 2	

C Part 1

ア		イ		ウ	

Part 2

No. 1		No. 2	
No. 3			

問題は，A，B，Cの3つに分かれています。英語は，すべて2回繰り返します。メモを取ってもかまいません。（3秒）

それでは，Aの問題を始めます。Aでは，2つの場面の英文を読みます。それぞれの英文の後に質問とその答えを読みますから，答えが正しいか，誤っているかを判断して，記入例のようにマルで囲みなさい。なお，各質問に対する正しい答えは1つです。

では，始めます。

〔No. 1〕　A: Takashi, you and Hiroshi are good friends.
　　　　　B: Thank you, Aki. We went to the same junior high school.
　　　　　A: I see. How long have you known each other?

（間1秒）

Question: What will Takashi say next?
Answer:　a. Three times.
　　　　　b. Every day after I came to this city.
　　　　　c. For about 10 years.

繰り返します。

(Repeat)
（間2秒）

〔No. 2〕　A: I hope it will be sunny tomorrow because tomorrow is our sports day.
　　　　　B: It's cloudy today, but the weather report says it's going to be rainy tomorrow.
　　　　　A: Really? That's too bad.
　　　　　B: If it's rainy tomorrow, we will have some activities in the gym.

（間1秒）

Question: How is the weather today?
Answer:　a. It is sunny.
　　　　　b. It is cloudy.
　　　　　c. It is rainy.

繰り返します。

(Repeat)
（間2秒）

次に，Bの問題に移ります。Bでは，2つの場面の英文を読みます。それぞれの英文の後に質問を読みますから，問題用紙にあるア，イ，ウ，エから正しい答えを1つずつ選び，その符号を書きなさい。

では，始めます。

〔No. 1〕

　　A: I'd like two pieces of fried chicken and a salad, please.
　　B: Would you like anything to drink?
　　A: Do you have apple juice?
　　B: Yes.
　　A: I'll take it.
　　B: That'll be eight dollars in total.

（間1秒）

Question: What will the woman buy?

繰り返します。

(Repeat)
（間2秒）

〔No. 2〕

　　A: Mark, would you like to go to the library to study with me this week?
　　B: Hi, Emi. Well, I have basketball practice on Monday, Wednesday and Friday. How about Tuesday?
　　A: I'm sorry. I have a piano lesson on Tuesday.
　　B: OK, well... I have time on Thursday after school.
　　A: Thank you. I'll meet you in the library, then.

（間1秒）

Question: Which one is Mark's schedule for this week after the dialog?

繰り返します。

(Repeat)
（間2秒）

◇M6 (421—38)

次に，**C**の問題に移ります。**C**では，ALTや生徒が授業中に話している場面の英文が流れます。なお，**C**は，**Part 1**と**Part 2**の，2つの問題に分かれています。

それでは，**Part 1**を始めます。**Part 1**では，ALTのブラウン（**Brown**）先生の，授業の始めの場面の英文が流れます。放送を聞きながら，表のア，イ，ウのそれぞれの空欄に当てはまる適切な英語を書きなさい。
では，始めます。

Hello, everyone. Today we are going to make a plan to travel around our city.

This summer, my sister, Jenny, will come and visit me and stay in Japan for two weeks. She is planning to spend her first week in our city and wants to try different things every day.

First, I'm going to tell you about my sister. She is a university student and is interested in Japanese pop culture and music. She likes reading Japanese magazines and she is a big fan of anime. She also likes playing some instruments such as piano, guitar and drums. She wants to try some Japanese instruments during her stay in Japan.

Now, I'll tell you about my plan. On the first day, I want her to enjoy old Japanese culture and will show her some Japanese traditions. I will take her to the summer festival. She will be excited to experience cultural differences. On the second day, I'll take her to the biggest bookstore in our city. I'm sure she will like it and want to stay there for many hours.

What do you think about my plan? Please make a pair with the person next to you and make my plan better. I'll give you ten minutes. Let's start.

繰り返します。

(Repeat)
(間3秒)

次に，**Part 2**に移ります。**Part 2**では，大樹（**Daiki**）さんと広美（**Hiromi**）さんが，ブラウン（**Brown**）先生の説明を聞いた後に話し合っている場面の英文が流れます。そのあと，**No.1**から**No.3**まで3つの質問を読みますから，問題用紙の指示に従ってそれぞれ書きなさい。
では，始めます。

Daiki: Hi, Hiromi! Let's do our best to make a good plan for Jenny. What do you think about Mr. Brown's plan?
Hiromi: Well, the summer festival is an exciting event. Also she can enjoy wearing yukata. I know how to wear it, so I will help her. I think she will look good in it. I hope she will like it.
Daiki: Do you remember that she is interested in instruments? I hear there are performances by a Japanese drum team in the summer festival.
Hiromi: Really? Mr. Brown will be happy to hear that.
Daiki: I will give her a chance to experience the Japanese drums and learn how to play them. My grandfather is a teacher of traditional Japanese drums. He teaches children traditional Japanese drums every weekend.
Hiromi: That's great. Could you ask him to teach her how to play them?
Daiki: Of course. I'm sure our plan will make her happy.
Hiromi: I think we should tell our classmates about our ideas.

(間3秒)

Question:
〔**No.1**〕 What is Hiromi's idea to make Jenny happy in the summer festival?
Answer: ア．She thinks Jenny should wear a yukata in the summer festival.
イ．She thinks Jenny should watch performances by a Japanese drum team.
ウ．She thinks Jenny should try different things every day.

(間2秒)

〔**No.2**〕 Who will teach Jenny how to play the Japanese drums?
Answer: ア．A member of a Japanese drum team will.
イ．Daiki's grandfather will.
ウ．She will learn it by herself.

(間2秒)

〔**No.3**〕 If Mr. Brown asks you to make a plan for the third day, where will you take her? And why will you take her there?

(間5秒)

繰り返します。

(Repeat)
(間5秒)

以上で，聞くことの検査を終わります。〔**チャイムⅡ**〕

過去問題 B

〔聞くことの検査〕

A （英文を聞いて質問に答える問題）

B

No. 1

No. 2

| ア | イ | ウ | エ |

C

Part 1

Course	America Course	U.K. Course	Australia Course
What to Do and Where to Go	Learn English every day and		
	・Visit a famous building or ア ・Watch a professional baseball game	・Visit the famous イ and clock tower ・Travel to several cities outside London	・Go to school with your host brother or sister ・Learn about the ウ of the people of the country

Part 2

No. 1　　(質問に続けて読まれる選択肢**ア**～**ウ**から１つ選び，その符号を書きなさい。)

No. 2　　(質問に続けて読まれる選択肢**ア**～**ウ**から１つ選び，その符号を書きなさい。)

No. 3　　(質問に対する適切な答えを英語で書きなさい。)

〔**聞くことの検査**〕

A

記入例	a	正	誤	b	正	誤	c	正	誤
No. 1	a	正	誤	b	正	誤	c	正	誤
No. 2	a	正	誤	b	正	誤	c	正	誤

B

No. 1		No. 2	

C　Part 1

ア		イ		ウ	

Part 2

No. 1		No. 2	
No. 3			

問題は，A，B，Cの3つに分かれています。英語は，すべて2回繰り返します。メモを取ってもかまいません。（3秒）

それでは，Aの問題を始めます。Aでは，2つの場面の英文を読みます。それぞれの英文の後に質問とその答えを読みますから，答えが正しいか，誤っているかを判断して，記入例のようにマルで囲みなさい。なお，各質問に対する正しい答えは1つです。

では，始めます。

〔No. 1〕　A: Hi, Tim. Where are you going?
　　　　　B: I'm going to the hospital.
　　　　　A: Really? What's wrong?

（間1秒）

Question: What will Tim say next?
Answer:　a. Oh, that's too bad.
　　　　　b. I've had a headache since yesterday.
　　　　　c. Thank you for your good advice.

繰り返します。

(Repeat)

(間2秒)

〔No. 2〕　A: Are you ready to order?
　　　　　B: Yes, I'd like spaghetti, please.
　　　　　A: Very good. Would you like something to drink?
　　　　　B: Water is fine with me.

（間1秒）

Question: Where are these people talking?
Answer:　a. At a dentist.
　　　　　b. At a post office.
　　　　　c. At a restaurant.

繰り返します。

(Repeat)

(間2秒)

次に，Bの問題に移ります。Bでは，2つの場面の英文を読みます。それぞれの英文の後に質問を読みますから，問題用紙にあるア，イ，ウ，エから正しい答えを1つずつ選び，その符号を書きなさい。

では，始めます。

〔No. 1〕

　　　A: So, which one is our new English teacher?
　　　B: You mean Ms. Tanaka? She is the one wearing glasses.
　　　A: The one in a dark shirt?
　　　B: No, that's our new science teacher. Ms. Tanaka is wearing a white shirt. I hope she is a good teacher.

（間1秒）

Question: Which one is the new English teacher?

繰り返します。

(Repeat)

(間2秒)

〔No. 2〕

　　　A: Excuse me. I've lost my bag. It's a small bag with a Teddy bear.
　　　B: Is this the one you lost?
　　　A: No! Mine is smaller and my passport is in it. I think my cell phone is also... Oh, no, it's here in my pocket.
　　　B: OK. Let's see what we can do.

（間1秒）

Question: Which bag is the woman looking for?

繰り返します。

(Repeat)

(間2秒)

次に，Cの問題に移ります。Cでは，海外での研修について，ALTや生徒が話している場面の英文が流れます。なお，Cは，Part 1 と Part 2 の，2 つの問題に分かれています。

それでは，Part 1 を始めます。Part 1 では，ALT のスミス（**Smith**）先生が，海外での研修について説明している場面の英文が流れます。放送を聞きながら，表の**ア，イ，ウ**のそれぞれの空欄に当てはまる適切な英語を書きなさい。
では，始めます。

Hi, students. You are going to go on a study tour next June. There are three courses, and each course will be held in a different country. In all three courses you will study English in the morning. At night you will stay with a family in the city and learn about the way of life there. Please listen to the information carefully, and choose the course you want to join, OK?

First, in the America Course, you will go to a university in New York. In the afternoon, you will visit different places, for example a famous building or museum. You will also have a chance to go to a professional baseball game at Yankee Stadium.

The second group will study in the U.K. You will go to a language school in London. In the first week you will visit the famous bridge and clock tower. Then, in the second week, you will go to several cities outside London and visit old churches, castles, and gardens.

The third group will go to Australia. You will stay with high school students in Sydney and go to school with them. You will also have a chance to learn about the history of the people who lived in the country before people came from Europe. Then, next winter, your host brother or sister will come to Japan, and stay with your family.

These are the three courses for your study tour. I hope you will all have great experiences.

繰り返します。

(Repeat)
（間 3 秒）

次に，Part 2 に移ります。Part 2 では，耕太（**Kota**）さんとリディ（**Riddhi**）さんが，海外での研修の説明を聞いた後に話し合っている場面の英文が流れます。そのあと，**No.** 1 から **No.** 3 まで 3 つの質問を読みますから，問題用紙の指示に従ってそれぞれ書きなさい。
では，始めます。

Kota: Hi, Riddhi! Have you decided which course you want to join?
Riddhi: Hi, Kota. I'm so excited about the tour! I want to go to the U.K. or Australia because I've already been to New York, and visited many places there.
Kota: You have? This will be my first time to go abroad.
Riddhi: If you have never been to New York, you should go there, Kota. You love baseball, right?
Kota: Yes, I do! Mr. Smith talked about professional baseball games. I'd like to go to America to watch one.
Riddhi: Don't forget that you are going there to study English!
Kota: I know. So Riddhi, which country do you want to go to?
Riddhi: It's so hard to choose. I would love to go to the U.K. because I love the *Harry Potter* stories. You know they were written by an English writer. I watched all the movies, and read all the books. But in Australia, I can stay with high school students, and I can meet them again in Japan. I will make friends with them, and we will be friends forever. So I think I will go to Australia.
Kota: Good luck, Riddhi!

（間 3 秒）

Question:
　　〔**No. 1**〕　Why does Kota want to go to America?
　　　　　　　Answer:　**ア**．Because he likes baseball very much.
　　　　　　　　　　　　イ．Because he belongs to a baseball team in America.
　　　　　　　　　　　　ウ．Because he forgot how to study English.

（間 2 秒）

　　〔**No. 2**〕　Why is Riddhi interested in going to Australia?
　　　　　　　Answer:　**ア**．Because she is a great fan of *Harry Potter*.
　　　　　　　　　　　　イ．Because it is difficult for her to decide which country to visit.
　　　　　　　　　　　　ウ．Because she wants to make friends with students from Australia.

（間 2 秒）

　　〔**No. 3**〕　What is the best way to learn a foreign language?
　　　　　　　And why do you think so?

（間 5 秒）

繰り返します。

(Repeat)
（間 5 秒）

以上で，聞くことの検査を終わります。〔チャイムⅡ〕

実践問題A

放送を聞いて答える問題

　問題は，No. 1 ～ No. 7 の全部で 7 題あり，放送はすべて英語で行われます。放送される内容についての質問にそれぞれ答えなさい。No. 1 ～ No. 6 は，質問に対する答えとして最も適切なものを，A ～ D の中から 1 つずつ選び，その記号を書きなさい。No. 7 は，それぞれの質問に英語で答えなさい。放送中メモを取ってもかまいません。各問題について英語は 2 回ずつ放送されます。

【No. 1 ～ No. 3】

　Listen to each talk, and choose the best answer for each question.

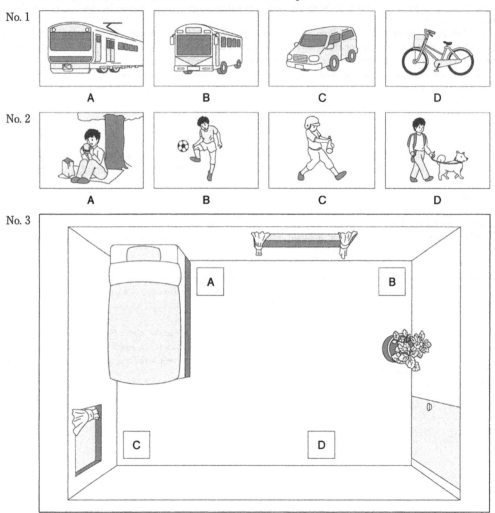

No. 1
A　　B　　C　　D

No. 2
A　　B　　C　　D

No. 3

【No. 4， No. 5】

　Listen to each situation, and choose the best answer for each question.

　No. 4

　　A　Here you are.　　　　　　B　Thanks.
　　C　You, too.　　　　　　　　D　Give me some water, please.

　No. 5

　　A　Sorry, I don't know.　　　B　You should go alone.
　　C　I will go with you.　　　　D　Will you change trains at the station?

【No. 6】

Listen to the talk about a new candy shop, Sweet Saitama, and choose the best answer for questions 1, 2 and 3.

(1) Question 1

A　On the shopping street near Keyaki Station.

B　In the soccer stadium.

C　In the building of Keyaki Station.

D　On the way to a flower shop.

(2) Question 2

A　One day.

B　Two days.

C　Three days.

D　Four days.

(3) Question 3

A　The new candy shop sells flowers from other countries.

B　The new candy shop opens at seven a.m.

C　The special ice cream is the most popular at the new candy shop.

D　The new candy shop is closed on Mondays and Tuesdays.

【No. 7】

Listen to the talk between Miho and Mr. Ford, an ALT from London, and read the questions. Then write the answer in English for questions 1, 2 and 3.

(1)	Question 1：	When is Mr. Ford happy?
	Answer：	He is happy when students (　　　　　　　　　　) him in English.
(2)	Question 2：	Where does Mr. Ford often go to enjoy bird watching in Japan?
	Answer：	He goes to the (　　　　　　　　　) near his house.
(3)	Question 3：	What did Mr. Ford want to be when he was a junior high school student?
	Answer：	He wanted to be (　　　　　　　　　).

No. 1 ※		No. 2 ※		No. 3 ※	
No. 4 ※		No. 5 ※			
No. 6 ※	(1)		(2)		(3)
No. 7 ※	(1)	He is happy when students (　　　　　　　　　　　　) him in English.			
	(2)	He goes to the (　　　　　　　　　　　　　) near his house.			
	(3)	He wanted to be (　　　　　　　　　　　　).			

実践問題 A　放送文

※「チャイム」

　これから「放送を聞いて答える問題」を始めます。　問題は，No. 1 〜 No. 7 の全部で 7 題あり，放送はすべて英語で行われます。放送される内容についての質問にそれぞれ答えなさい。No. 1 〜 No. 6 は，質問に対する答えとして最も適切なものを，A〜D の中から 1 つずつ選び，その記号を書きなさい。No. 7 は，それぞれの質問に英語で答えなさい。放送中メモを取ってもかまいません。各問題について英語は 2 回ずつ放送されます。
　では，始めます。

Look at No. 1 to No. 3.
Listen to each talk, and choose the best answer for each question.
Let's start.

No. 1

A：Hi, Bill.　I went to the car museum and saw many cars last week.
B：Oh, really?　I love cars, Mary.　I want to go there, too.　How can I get there?
A：You can take a bus from the station.　But I went there by bike.
B：OK.　Thanks.

Question：　How did Mary go to the museum?

（会話と質問を繰り返します。）

No. 2

A：I saw Kevin yesterday when I was walking on the way to a hamburger shop.　He was practicing soccer.
B：He is good at baseball, too, right?
A：Yes, he is.　Look, Kevin is over there.
B：Oh, he is walking with his dog today.

Question：　What was Kevin doing yesterday?

（会話と質問を繰り返します。）

No. 3

A : Judy, where do you want to put your new desk?
B : I want to put it in the corner by the window.
A : Oh, you want to put it by the bed?
B : No. There by the plant.

Question : Where does Judy want to put her desk?

（会話と質問を繰り返します。）

Look at No. 4 and No. 5.
Listen to each situation, and choose the best answer for each question.
Let's start.

No. 4

Peter has just come home by bike.
He is really thirsty and asks his mother to give him something to drink.
She gives him some water.

Question : What will Peter's mother say to him?

（英文と質問を繰り返します。）

No. 5

Emi is walking on the street.
A woman asks her the way to the station.
Emi is also going there, so Emi has decided to take the woman to the station.

Question : What will Emi say to the woman?

（英文と質問を繰り返します。）

Look at No. 6.

Listen to the talk about a new candy shop, Sweet Saitama, and choose the best answer for questions 1, 2 and 3.

Let's start.

A new candy shop, Sweet Saitama, just opened yesterday on the shopping street near Keyaki Station. It is on the way to the soccer stadium.

The shop sells things like candy, chocolate, and ice cream from many countries. The flowers made from candy are especially popular. The people working at the shop had training. They can make them by hand. You can see their work through the window of the shop from eleven a.m. to three p.m.

They started a special opening event yesterday, so a lot of people are at the shop today. If you buy something at the shop, you can get a piece of chocolate as a present. This event finishes tomorrow.

The shop is open from Wednesday to Sunday, from ten a.m. to seven p.m. Visit Sweet Saitama for a sweet time.

Question 1 : Where is the new candy shop?

Question 2 : How many days is the special opening event for?

Question 3 : Which is true about the new candy shop?

（英文と質問を繰り返します。）

Look at No. 7.

Listen to the talk between Miho and Mr. Ford, an ALT from London, and read the questions. Then write the answer in English for questions 1, 2 and 3.

Let's start.

Miho :	Excuse me, Mr. Ford. May I ask you some questions for the school newspaper? I'm going to write about you.
Mr. Ford :	Of course, Miho.
Miho :	Thanks. Do you enjoy teaching English here?
Mr. Ford :	Yes. I'm happy when students talk to me in English.
Miho :	I also enjoy talking with you in English. What do you like to do on weekends?
Mr. Ford :	I really like bird watching. When I was in London, many birds flew into my garden, and I enjoyed watching them.
Miho :	Do you enjoy bird watching in Japan?
Mr. Ford :	Yes. I often go bird watching at the lake near my house. There are many kinds of birds. I always take a lot of pictures of them there. It's very interesting.
Miho :	That sounds fun. By the way, what did you want to be when you were a junior high school student?
Mr. Ford :	Well, I wanted to be a doctor, then. But when I was a high school student, I had a wonderful teacher, so I wanted to be a teacher like him.
Miho :	Oh, really? Thank you very much. I'll be able to write a good story.

（会話を繰り返します。）

以上で「放送を聞いて答える問題」を終わります。

実践問題 B

【問 1】 リスニングテスト （英語は，(1)では 1 度，(2)，(3)，(4)では 2 度読みます。）

(1) No. 1

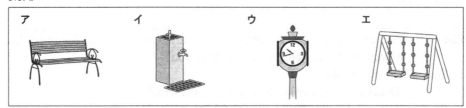

ア　　　　　イ　　　　　ウ　　　　　エ

No. 2

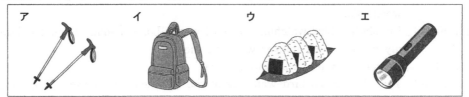

ア　　　　　イ　　　　　ウ　　　　　エ

No. 3

(2) No. 1　＜電話の会話＞

ア	サリーにパーティーに来てほしいから	イ	サリーにカメラを貸してほしいから
ウ	サリーにパーティーに招待してほしいから	エ	サリーにカメラがあるか確かめてほしいから

No. 2　＜週末の自宅のリビングでの会話＞

ア	翌日に友達が来ることになったから	イ	飲み物をこぼしてしまったから
ウ	掃除するように母に頼まれたから	エ	お菓子や飲み物がほしかったから

No. 3　＜わかば市立図書館の館内放送＞

ア	イベントが開催される日時	イ	イベントに参加できる子供の年齢
ウ	イベントの受付日時	エ	イベントに参加できる子供の人数

	No. 1	No. 2	No. 3
(1)			

	No. 1	No. 2	No. 3
(2)			

(3) No. 1　**Question**：ごみステーション $\boxed{\odot}$ の位置を示している地図はどれですか。

（★は加奈とスミスさんが初めに会話をしている位置を示す。）

No. 2　**Question**：ごみステーションに立っている看板に書かれていることはどれですか。

ア

日	月	火	水	木	金	土
	燃えるごみ		プラスチック	燃えるごみ	資源物（古紙）	

イ

日	月	火	水	木	金	土
	燃えるごみ	資源物（古紙）		燃えるごみ	プラスチック	

ウ

日	月	火	水	木	金	土
	資源物（古紙）	燃えるごみ	プラスチック		燃えるごみ	

エ

日	月	火	水	木	金	土
	プラスチック	燃えるごみ		資源物（古紙）	燃えるごみ	

(4) No. 1　**Question**：チャイムの部分で街の人が話した英語はどれですか。

　ア　you can wait for the next bus
　イ　you want to go there someday
　ウ　you want to get there quickly
　エ　you can tell me how to get there

No. 2　**Question**：2人の会話についてまとめた次の英文の（　　　）にはどのような英語が入りますか。適切な英語1語を書きなさい。

The man told the visitor to take a taxi because the visitor was in a hurry. It was （　　　） than any other ways from the station to Shinshu Stadium.

	No. 1	No. 2			No. 1	No. 2
(3)			(4)			

実践問題 B　放送文

問題は，(1)，(2)，(3)，(4)があります。(1)から(4)No.1は，英語を聞いて，質問の答えとして最も適切なものを，アからエの中から1つずつ選び，記号を書きなさい。(4)No.2は，問題冊子に書かれた指示に従って，英語を書きなさい。英語は，(1)では1度，(2)，(3)，(4)では2度読みます。メモをとってもかまいません。

まず，(1)から始めます。(1)は，No.1からNo.3のそれぞれの絵を見て答える問題です。英語は1度読みます。それでは，始めます。

No.1　Look at No.1. We are at the park now. We look at this when we want to know the time. Which picture shows this?

No.2　Look at No.2. We usually use this when we carry things on a hiking trip. Which picture shows this?

No.3　Look at No.3. The boy wanted to watch TV after doing his homework. When he finished his homework, his grandmother called him. It was his birthday, so he talked a lot on the phone with her and he could not watch TV. Which picture shows what the boy did first and second?

これで(1)は終わります。

次の(2)では，No.1とNo.2で2人が会話をしています。No.3では館内放送が流れます。それぞれの会話と館内放送の後，"Question"と言ってから，内容についての質問をします。英語は2度読みます。それでは，始めます。

No.1　※　A：Hello, this is Sally.
　　　　　B：Hi, Sally. This is Koji. Thank you for inviting me to your party yesterday. I'm calling you because I lost my camera. Did you see it anywhere?
　　　　　A：No, I didn't. I'll look for it.
　　　　　B：Thanks. Please call me if you find it.
　　　　　Question：Why did Koji call Sally?
　　繰り返します。※　略

No.2　※　A：What are you going to do this afternoon?
　　　　　B：My friends will come tomorrow, so I'm going to clean my room.
　　　　　A：How many friends will come?
　　　　　B：Two. Later, another friend may come.
　　　　　Question：Why will the boy clean his room?
　　繰り返します。※　略

No.3　※　(図書館の館内放送)The Wakaba City Library has an event called "Picture Book Reading for Children." We have this event on the first Thursday of each month from 4:00 p.m. to 5:00 p.m. In this event, English picture books are introduced each time. If your children want to join this event, please come to the entrance of the library next Sunday at 2:00 p.m. Thirty children can join this event and we will give a picture book to each of them.
　　　　　Question：Which is the information you don't have now?
　　繰り返します。※　略
　　これで(2)は終わります。

次の(3)では，中学生の加奈が，最近，隣に引っ越してきた外国人のスミスさん(Mr. Smith)と会話をしています。内容に関するNo.1とNo.2の質問と答えの選択肢を，今から10秒間で確認しなさい。
(間10秒)
英語は2度読みます。それでは，始めます。
　　　　※
　　　　Kana：Good morning, Mr. Smith.
　　Mr. Smith：Good morning, Kana. Could you tell me where to put this garbage bag?
　　　　Kana：Can you see the traffic light? Turn left at that corner. Then, you'll see a garbage station on your right.
　　Mr. Smith：It's next to the park, right? I just went there, but there was nothing there. So, I thought I was in the wrong place.
　　　　Kana：I don't think so. Let's check.

　　　　Kana：Oh, you're right. There are no garbage bags here, but I understand why.
　　Mr. Smith：What is it?
　　　　Kana：Look at this. Today isn't the day for collecting garbage.
　　Mr. Smith：Oh, I see. So, I should bring it tomorrow.
　　　　Kana：That's right. And the day after tomorrow will be a plastic day.
　　Mr. Smith：Thank you, Kana.
　　繰り返します。※　略
　　これで(3)は終わります。

次の(4)では，ある旅行客が駅前でコンサート会場までの行き方を街の人に尋ねています。会話の途中で，セリフの代わりに次のようなチャイムの音(チャイム音)が鳴るところがあります。内容に関するNo.1の質問と答えの選択肢を，No.2の質問と英文を，今から10秒間で確認しなさい。
(間10秒)
英語は2度読みます。それでは，始めます。
　　　　※
　　　visitor：Excuse me. How can I get to Shinshu Stadium?
　　　　man：Take bus No. 7, but you need to wait for about thirty minutes for the next bus.
　　　visitor：Oh, that's too late. Are there any other ways?
　　　　man：Do you mean (　　　　　　　　　　　　　　)?
　　　visitor：Yes, I'm in a hurry. The concert starts soon.
　　　　man：Well, just take a taxi. It takes maybe ten minutes.
　　繰り返します。※　略

〔アナウンス　4〕

これでリスニングテストを終わります。

(四点チャイム)

実践問題C

放送を聞いて，問題1，問題2，問題3，問題4 に答えよ。

問題1　英語の短い質問や呼びかけを聞き，その後に読まれるア，イ，ウ，エの英語の中から，答えとして最も適当なものを一つずつ選ぶ問題

※記号で答えよ。問題は3問ある。

問題2　表を見て，質問に答える問題

※答えとして最も適当なものを表の中から抜き出して答えよ。

(1)

Train	Green Station		Spring Station	
A	9:10	⇒	9:35	2 dollars
B	9:20	⇒	10:05	2 dollars
C	9:25	⇒	9:50	2 dollars
D	9:40	⇒	9:55	3 dollars

(2)

Movie	Time			
	10:00~	12:30~	14:30~	16:00~
Japanese movie		Drama		
Foreign movie	Drama		Animal	Sports

問題3　美佳 (Mika) と留学生のケビン (Kevin) の対話を聞いて，質問に答える問題

※答えとして最も適当なものをア，イ，ウ，エの中から一つずつ選び，記号で答えよ。

(1)　ア　Yes, he does.
　　イ　No, he doesn't.
　　ウ　Yes, he is.
　　エ　No, he isn't.

(2)　ア　She asked Kevin many questions about writing English.
　　イ　She got many letters in English from her teacher in Australia.
　　ウ　She wrote many letters in English to her friends in America.
　　エ　She showed her friends a lot of books in English about America.

(3)　ア　Practicing swimming with her is important for him.
　　イ　Writing letters in English is important for him.
　　ウ　Using Japanese in communication is important for him.
　　エ　Speaking about his new school is important for him.

問題1	(1)		(2)		(3)	
問題2	(1)			(2)		
問題3	(1)		(2)		(3)	

〈問1〉 和也（Kazuya）が，国際交流センターでのイベント〔Culture Day〕で，チラシを見ながら説明を受ける。それを聞いて，(1)〜(3)の質問に答えよ。

※(1)は**ア，イ，ウ，エ**の中から一つ選び**記号**で，(2)は（　）内にそれぞれ**1語の英語**で，(3)は**4語以上の英語**で答えよ。

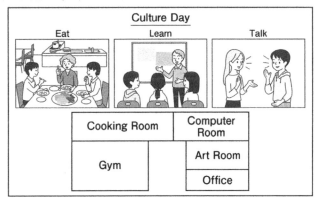

(1) Which country's food can Kazuya eat in the Cooking Room?

　　ア　Food from France.
　　イ　Food from Canada.
　　ウ　Food from China.
　　エ　Food from India.

(2) What can Kazuya see from one o'clock in the Art Room?

　　He can see many （　　　　　　） （　　　　　　） of the festivals.

(3) Kazuya is going to meet the students from Canada in the Gym. What does he need to do at the Office before that?

〈問2〉 英語の指示にしたがって答えよ。 ※**4語以上の英語**で文を書け。

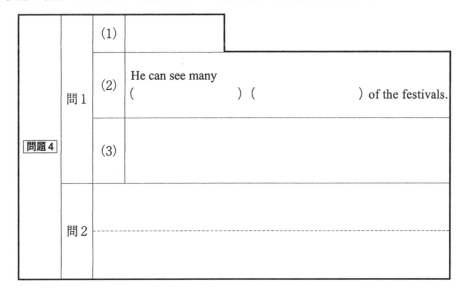

実践問題C 放送文

問題は, 問題1 から 問題4 まであります。なお, 放送中にメモをとってもかまいません。
英語はそれぞれ2回繰り返します。

（2連続音チャイム ○-○）
それではテストを始めます。問題1 を見なさい。これから, 英語で短い質問や呼びかけをします。その後に続けて読まれるア, イ, ウ, エの英語の中から, 答えとして最も適当なものを一つずつ選び, 記号で答えなさい。問題は3問あります。それでは始めます。

(1) Bob, I'm free tomorrow. Let's go shopping.
　ア Yes, I am. 　イ No, you don't. 　ウ That's a good idea. 　エ Nice to meet you.
　――（繰り返し）
(2) Mike, how long did you study last night?
　ア Every night. 　イ For two hours. 　ウ At ten thirty. 　エ On Monday.
　――（繰り返し）
(3) Excuse me, I'm looking for the bookstore. Do you know where it is?
　ア Yes, it is. 　イ No, it isn't. 　ウ On the desk. 　エ In front of the hospital.
　――（繰り返し）

（2連続音チャイム ○-○）
問題2 を見なさい。これから, 表について英語で質問します。その答えとして最も適当なものを, 表の中から抜き出して答えなさい。それでは始めます。

(1) Tom is at Green Station and wants to go to Spring Station by train. It's 9:15 now. He needs to get to Spring Station by 10:00. He can use only 2 dollars to get there. Which train will he use?
　――（繰り返し）
(2) Ken is going to see a movie this afternoon. He likes drama and sports movies better than animal movies. He wants to see a foreign movie. What time does the movie he wants to see start?
　――（繰り返し）

（2連続音チャイム ○-○）
問題3 を見なさい。これから, 中学生の美佳と留学生のケビンが対話をします。その対話の後で,「クエスチョン（Question）」と言って英語で質問します。その答えとして最も適当なものをア, イ, ウ, エの中から一つずつ選び, 記号で答えなさい。それでは始めます。

Kevin: 　Hi, Mika. Do you have some time?
Mika: 　Yes, what's up, Kevin?
Kevin: 　I can speak Japanese, but it is very difficult for me to write it. How can I practice writing Japanese?
Mika: 　Well, when I was studying English, I found a good way to practice writing.
Kevin: 　Really? What was it?
Mika: 　I wrote many letters in English to my friends in America. I enjoyed it very much and now writing English is not so difficult.
Kevin: 　Oh, I can write letters too. I will write one in Japanese to the teacher who taught me in Australia. I will tell her that I am enjoying my new school in Japan.
Mika: 　Good! It's important for you to write Japanese for communication. People often say, "*If you want to swim well, practice swimming in the water.*"
Kevin: 　Now I know. I will use Japanese with other people more.

Question 1 Does Kevin think it is difficult to write Japanese?
Question 2 How did Mika practice writing English?
Question 3 Mika said, "*If you want to swim well, practice swimming in the water.*" What did she want to tell Kevin with these words?

「2回目」 　　（繰り返し）

（2連続音チャイム ○-○）
問題4 を見なさい。
〈問1〉 これから, 和也が国際交流センターでのイベント〔カルチャー・デイ〕で, チラシを見ながら説明を受けます。それを聞いて,
(1)から(3)の質問に答えなさい。(1)はア, イ, ウ, エの中から一つ選び記号で, (2)はカッコ内にそれぞれ1語の英語で,
(3)は4語以上の英語で答えなさい。なお, 説明の後には, 記入の時間が約40秒ずつあります。それでは始めます。

Welcome to Culture Day. My name is Eddy and I'm from Canada. Today you can enjoy a lot of things with people from four different countries, Canada, China, France, and India. There are three things you can do, eating, learning, and talking with new friends.
First, in the Cooking Room, you can eat food from India. Please find a food you like.
Second, from one o'clock in the Art Room, people from China, France, and India will show you a lot of interesting pictures of festivals in their countries. You can enjoy learning about these festivals.
Third, at two o'clock, you can meet and talk with students from Canada in the Gym. They are going to talk about their school in Canada. If you have any questions, you can ask them there. Before you meet them in the Gym, you need to go to the Office and make a name card.
Have a good time at Culture Day.
「答えを記入しなさい。」

「2回目」 ―――― （繰り返し）
〈問2〉 これから英語で質問と指示をします。その指示にしたがって4語以上の英語で文を書きなさい。なお, 質問と指示を2回繰り返した後, 記入の時間が約40秒あります。それでは始めます。

What do you want to ask about a student's life in Canada? Write one question to ask the students from Canada.

「2回目」 ―――― （繰り返し）
「答えを記入しなさい。」

解答例

A．No. 1．a．誤　b．誤　c．正
　　No. 2．a．誤　b．正　c．誤
B．No. 1．ウ　No. 2．イ
C．Part 1…ア. sister　イ. magazines　ウ. festival
　　Part 2…No. 1．ア　No. 2．イ
No. 3．（例文）I will take her to temples and shrines because I want her to become interested in traditional Japanese buildings.

解説

A　No. 1　質問「タカシは次に何と言うでしょうか？」…最後にAが「あなたたちはどれくらいの間知り合いなの？」と期間を尋ねたから，c「約10年間だよ」が適切。
No. 2　質問「今日の天気はどうですか？」…Bが1回目の発言で「今日は曇りだね」と言ったから，b「曇りです」が適切。
B　No. 1　質問「女性は何を購入するでしょうか？」…A「フライドチキン2ピースとサラダをください」→B「お飲み物はいかがですか？」→A「リンゴジュースはありますか？」→B「はい」→A「それをください」→B「合計8ドルになります」の流れより，ウが適切。
No. 2　質問「会話後の，マークの今週の予定はどれですか？」…A「マーク，今週私と図書館に勉強しに行かない？」→B「やあ，エミ。ええと，月曜日，水曜日，金曜日はバスケットボールの練習があるよ。火曜日はどう？」→A「ごめん。火曜日はピアノのレッスンがあるの」→B「そうか，じゃあ…木曜日の放課後は時間があるよ」→A「ありがとう。そのとき図書館で会いましょう」の流れより，イが適切。
C　Part 1　【Part 1　放送文の要約】参照。

【Part 1　放送文の要約】
　みなさん，こんにちは。今日は私たちの市内を巡るツアーの計画を立てます。
　ァ今年の夏，妹（＝sister）のジェニーが訪ねてきて日本に2週間滞在します。彼女は最初の1週間を私たちの街で過ごすことを計画しており，毎日さまざまなことをやってみたいと思っています。
　まず，妹のことをお話しします。彼女は大学生で，日本のポップカルチャーと音楽に興味があります。ィ彼女は日本の雑誌（＝magazines）を読むのが好きで，アニメの大ファンです。彼女はまた，ピアノ，ギター，ドラムなどの楽器を演奏するのが好きです。彼女は日本滞在中にいくつか

の和楽器を試してみたいと思っています。
　それでは，私の計画についてお話しします。初日は，彼女に昔ながらの日本の文化を楽しんでもらいたいので，日本の伝統を紹介しようと思います。ゥ彼女を夏祭り（＝festival）に連れて行きます。彼女は文化の違いを体験することに興奮するでしょう。2日目は，彼女を私たちの街で最大の本屋に連れて行きます。彼女はそこを気に入り，何時間も滞在したいと思うはずです。
　私の計画についてどう思いますか？あなたの隣の人とペアを組んで，私の計画をより良いものにしてください。10分あげます。はじめましょう。

Part 2　【Part 2　放送文の要約】参照。
No. 1　質問「夏祭りでジェニーを喜ばせるための，広美のアイデアとは何ですか？」…ア「彼女は，ジェニーが夏祭りで浴衣を着るといいと思っています」が適切。
No. 2　質問「誰がジェニーに和太鼓の演奏方法を教えるでしょうか？」…イ「大樹の祖父です」
No. 3　質問「もしブラウン先生があなたに3日目の計画を立てるよう頼んだら，あなたは彼女をどこに連れて行きますか？そして，なぜ彼女をそこに連れて行くのですか？」…（例文の訳）「私は彼女をお寺や神社に連れて行きます。なぜなら，彼女に日本の伝統的な建造物に関心を持ってもらいたいからです」

【Part 2　放送文の要約】
大樹：やあ，広美！ジェニーのために，最善を尽くして良い計画を立てよう。ブラウン先生の計画についてどう思う？
広美：No. 1ァそうね，夏祭りはワクワクするイベントだわ。また，浴衣を着て楽しむこともできるわ。私は着付けの方法を知っているから，彼女を手伝うわ。彼女は浴衣が似合うと思うの。気に入ってくれるといいわね。
大樹：彼女が楽器に興味を持っていることを覚えている？夏祭りでは和太鼓チームによる演奏があるそうだよ。
広美：本当に？ブラウン先生はそれを聞いたら喜ぶわね。
大樹：僕は彼女に和太鼓を体験し，それらの演奏方法を学ぶ機会を作るつもりなんだ。僕の祖父は伝統的な和太鼓の先生なんだよ。祖父は毎週末，子どもたちに伝統的な和太鼓を教えているんだ。
広美：それは素晴らしいわ。No. 2ィ彼女に演奏方法を教えてくれるよう，おじいさんに頼んでもらえる？
大樹：No. 2ィもちろんだよ。僕たちの計画で彼女はきっと喜んでくれるよ。
広美：クラスメートに私たちの考えを伝えたほうがいいわね。

過去問題B

解答例

A．No. 1．a．誤　b．正　c．誤

　　No. 2．a．誤　b．誤　c．正

B．No. 1．イ　No. 2．エ

C．Part 1…ア．museum　イ．bridge

　　　　　ウ．history

　　Part 2…No. 1．ア　No. 2．ウ

　　　　　No. 3．（例文）I think listening to English songs is the best way because I can do it every day.

解説

A　No. 1　質問「ティムは次に何と言いますか？」…病院に行くと言ったティムに対して，Aが「本当に？どうしたの？」と尋ねたから，b「昨日から頭痛がするんだ」が適切。

No. 2　質問「人々はどこで話していますか？」…A「ご注文はお決まりですか？」→B「はい，スパゲッティをお願いします」→A「承知しました。お飲み物はいかがですか？」→B「お水で大丈夫です」より，c「レストランで」が適切。

B　No. 1　質問「どの人が新しい英語の先生ですか？」…Bの発言の She is the one wearing glasses.「メガネをかけている方がそうです」と Ms. Tanaka is wearing a white shirt.「田中先生は白いシャツを着ています」より，イが適切。

No. 2　質問「女性が探しているのはどのかばんですか？」…Aの発言の It's a small bag with a Teddy bear. と，I think my cell phone is also…Oh, no, it's here in my pocket. より，テディベアの付いた小さいかばんで，携帯電話は入っていないエが適切。

C　Part 1　【日本語訳】参照。

【日本語訳】

みなさん，こんにちは。次の６月，みなさんは海外研修に行きます。コースは３つあって，それぞれ違う国で行われます。３つすべてのコースで，午前中は英語の勉強をします。夜は市内の家族のところにホームステイをして，そこでの生活様式を学びます。情報を注意して聞き，参加したいコースを選んでください。いいですか？

まず，アメリカコースでは，ニューヨークの大学に行きます。午後は，例えば有名な建物や ア博物館（＝museum）といったさまざまな場所に行きます。ヤンキースタジアムでプロ野球を見る機会もあります。

２つ目はイギリスで勉強するグループです。ロンドンの語学学校に行きます。１週目に，有名な イ橋（＝bridge）と時計台に行きます。そして２週目にはロンドン以外の街に行き，古い教会，城，庭園を訪れます。

３つ目のグループはオーストラリアに行きます。シドニーの高校生の家に滞在し，彼らと一緒に学校に行きます。ヨーロッパから人が来る前にこの国に住んでいた人々の ウ歴史（＝history）について学ぶ機会もあります。それから冬にはホストブラザーまたはホストシスターが日本に来て，あなたの家族のところに滞在します。

以上が，みなさんが研修に行く３つのコースです。すばらしい経験ができるよう願っています。

Part 2　【日本語訳】参照。

No. 1　質問「耕太はなぜアメリカに行きたいのですか？」…ア「なぜなら彼は野球が大好きだからです」

No. 2　質問「リディはなぜオーストラリアに行くことに興味があるのですか？」…ウ「なぜなら彼女はオーストラリアの生徒と友達になりたいからです」　・make friends with ～「～と友達になる」

No. 3　質問「外国語を習得するのに１番の方法は何ですか？また，なぜそう考えますか？」…（例文の訳）「私は英語の歌を聴くことが一番いい方法だと思います。なぜならそれは毎日できるからです」

【日本語訳】

耕太　：やあ，リディ！どのコースに参加するか決めた？

リディ：耕太，海外研修はわくわくするわね！私はイギリスコースかオーストラリアコースに行きたいわ。ニューヨークには行ったことがあって，たくさんの場所を訪れたから。

耕太　：そうなの？僕は，海外に行くのが初めてだよ。

リディ：ニューヨークに行ったことがないなら，行くべきよ，耕太。あなた，野球が大好きよね？

耕太　：No. 1ア大好きさ！スミス先生がプロ野球の試合について話してくれたよ。アメリカに行って試合を見たいよ。

リディ：英語の勉強に行くんだってこと，忘れないでね！

耕太　：わかってるよ。それで，リディはどの国に行きたいの？

リディ：選ぶのが難しいのよね。イギリスに行きたいのよ。ハリーポッターシリーズが大好きだから。あれはイギリス人の作家が書いたの。私は映画を全部見たし，本も全部読んだわ。でもオーストラリアでは，高校生の家にホームステイできるのよね。そして日本でまた会えるわ。No. 2ウ彼らと友達になって，ずっと友達でいられるわね。だから，私はオーストラリアに行こうと思うわ。

耕太　：がんばってね，リディ！

実践問題A

解答例

No. 1．D　　No. 2．B　　No. 3．B

No. 4．A　　No. 5．C

No. 6．(1)A　(2)C　(3)D

No. 7．(1)talk to　(2)lake　(3)a doctor

解 説

No. 1　質問「メアリーはどうやって博物館へ行きましたか？」…A（メアリー）の2回目の発言，I went there by bike.「私は自転車でそこへ行ったわ」より，Dが適切。

No. 2　質問「ケビンは昨日何をしていましたか？」…Aの最初の発言，He was practicing soccer.「彼はサッカーを練習していたよ」より，Bが適切。

No. 3　質問「ジュディはどこに机を置きたいですか？」…B（ジュディ）の最初の発言，I want to put it in the corner by the window.と，2回目の発言，There by the plant.「植物のそばよ」より，Bが適切。

No. 4　質問「ピーターの母は何と言うでしょうか？」…3文目の She gives him some water.「彼女は彼に水を渡します」より，A「はい，どうぞ」が適切。Here you are.「はい，どうぞ」は相手にものを手渡すときの表現。

No. 5　質問「エミは女性に何と言うでしょうか？」…3文目の Emi has decided to take the woman to the station.「エミは女性を駅へ連れて行くことに決めた」より，C「一緒に行きましょう」が適切。

No. 6　【日本語訳】参照。

(1)　質問1「新しいキャンディーショップはどこにありますか？」…Aが適切。　(2)　質問2「特別開店イベントは何日間ですか？」…Cが適切。　(3)　質問3「新しいキャンディーショップで正しいものはどれですか？」…D「新しいキャンディーショップは月曜日と火曜日は閉まっています」が適切。

【日本語訳】

昨日，(1)Aけやき駅近くの商店街に新しいキャンディーショップ「スウィート埼玉」がオープンしました。サッカースタジアムに向かう途中です。

この店では，キャンディー，チョコレート，アイスクリームなど，さまざまな国の商品を販売しています。キャンディーで作られた花が特に人気です。その店で働く人は訓練を受け，手作業で作ることができます。午前11時から午後3時まで，店の窓越しに彼らの仕事を見ることができます。

(2)C昨日特別開店イベントを開始したので，今日はたくさんの人が来店しています。お店で何か買うとチョコレートがプレゼントされます。このイベントは明日終了します。

(3)D店は水曜日から日曜日の午前10時から午後7時まで開いています。甘い時間を求めてスウィート埼玉を訪れてください。

No. 7　【日本語訳】参照。

(1)　質問1「いつフォード先生はうれしいですか？」…「彼は生徒が英語で彼に（　　）ときにうれしい」＝talk to「話しかける」

(2)　質問2「フォード先生は，日本で，どこによくバードウォッチングを楽しみに行きますか？」…「彼は家の近くの（　　）に行く」＝lake「湖」

(3)　質問3「フォード先生は中学生のとき，何になりたかったのですか？」…「彼は（　　）になりたかった」＝a doctor「医者」

【日本語訳】

ミホ　　　　：すみません，フォード先生。学校新聞の取材で質問をしてもいいですか？先生のことを書くつもりです。

フォード先生：もちろんです，ミホ。

ミホ　　　　：ありがとうございます。ここで英語を教えるのは楽しいですか？

フォード先生：はい。(1)生徒たちが英語で私に話しかけてくれるときにうれしいです。

ミホ　　　　：私も先生と英語で話すのは楽しいです。先生は週末，何をするのが好きですか？

フォード先生：私はバードウォッチングが本当に好きです。私がロンドンにいたとき，たくさんの鳥が私の庭に飛んできて，それらを見て楽しんだものです。

ミホ　　　　：日本でのバードウォッチングを楽しんでいますか？

フォード先生：はい。(2)よく家の近くの湖へバードウォッチングに行きます。たくさんの種類の鳥がいます。いつもそこでたくさん写真を撮ります。それはとても面白いです。

ミホ　　　　：楽しそうですね。ところで，中学生の頃は何になりたかったのですか？

フォード先生：そうですね，(3)私は医者になりたかったです。でも高校生の時に素敵な先生がいたので，彼のような先生になりたいと思いました。

ミホ　　　　：ああ，そうなんですね？ありがとうございました。いい記事が書けそうです。

解答例

(1)No. 1．ウ　No. 2．イ　No. 3．エ

(2)No. 1．エ　No. 2．ア　No. 3．イ

(3)No. 1．ア　No. 2．イ

(4)No. 1．ウ　No. 2．faster〔別解〕better

解説

(1)No. 1　「私たちは今，公園にいます。時間を知りたいとき，これを見ます。どの絵がこれを表していますか？」…ウ「時計（台）」が適切。

No. 2　「私たちは普通，ハイキングで物を運ぶときにこれを使います。どの絵がこれを表していますか？」…イ「リュックサック」が適切。

No. 3　「男の子は宿題をした後でテレビを見たいと思っていました。宿題を終えた時，祖母が彼に電話をしてきました。彼の誕生日だったので，彼は祖母と電話でたくさん話をして，テレビを見ることができませんでした。男の子が最初と2番目にしたことを表しているのはどの絵ですか？」…エ「宿題をした後，電話で話した」が適切。

(2)No. 1　質問「なぜコウジはサリーに電話しましたか？」…A「こんにちは。サリーです」→B「やあ，サリー。コウジだよ。昨日はパーティに招いてくれてありがとう。君に電話したのは，僕がカメラを失くしたからなんだ。どこかで見なかった？」→A「いいえ，見なかったわ。探してみるね」→B「ありがとう。見つかったら，電話してね」より，エが適切。

No. 2　質問「なぜその男の子は自分の部屋を掃除しましたか？」…A「今日の午後は何をする予定？」→B「明日，友達が来るから，自分の部屋を掃除するつもりだよ」→A「友達は何人来るの？」→B「2人だよ。後でもう1人，来るかもしれないな」より，アが適切。

No. 3　質問「今，あなたにない情報はどれですか？」…（図書館の館内放送）「ワカバ市立図書館は『子供たちへの絵本の読み聞かせ』というイベントを開催します。このイベントは毎月第一木曜日，午後4時から5時まで行われます。このイベントでは，毎回，英語の絵本が紹介されます。このイベントに参加したいお子さんは，今度の日曜日午後2時に図書館の玄関に来てください。このイベントには30人のお子さんが参加できて，各自に絵本を差し上げます」より，イが適切。

(3)【放送文の要約】参照。

No. 1　加奈の2回目の発言「信号を左折して，右側の

ごみステーション」より，アが適切。

No. 2　加奈の5，6回目の発言「今日はごみの回収日ではない」と「あさってはプラスチックごみの回収日」，スミス先生の4回目の発言「ごみ袋は明日，持ってくるべき」より，イが適切。　・day after tomorrow「あさって」

【放送文の要約】

加奈　：おはようございます，スミスさん。

スミス：おはようございます，加奈さん。どこにこのごみ袋を置けばいいのか，教えてくれませんか？

加奈　：No.1ァ信号が見えますか？その角を左に曲がってください。そうすれば，右側にごみステーションが見えます。

スミス：それは公園の隣，ですよね？そこへ行ったばかりですが，何もありませんでした。だから，私が間違った場所にいると思ったのです。

加奈　：そんなことはないですよ。確かめてみましょう。

加奈　：まあ，あなたの言う通りですね。ここにごみ袋がありませんが，理由がわかりました。

スミス：それは何ですか？

加奈　：これを見てください。No.2ィ今日はごみの回収日ではないです。

スミス：ああ，そうですね。そして No.2ィごみ袋は明日，持ってくるべきですね。

加奈　：その通りです。それと，No.2ィあさってはプラスチックごみの日です。

スミス：ありがとう，加奈さん。

(4)【放送文の要約】参照。

No. 1　旅行客の2回目の発言より，ウが適切。

No. 2　2人の会話をまとめた文

「男性は旅行客にタクシーに乗るように言った。なぜなら旅行客が急いでいたからである。それが駅から信州スタジアムへ行くどんな方法よりも，より速い（＝faster）」

【放送文の要約】

旅行客：すみません。信州スタジアムはどのように行けばいいですか？

男性　：7番のバスに乗ってください。でも次のバスまで約30分待つ必要があります。

旅行客：まあ，ずい分，遅いですね。何か他の方法がありますか？

男性　：ゥそこにもっと早く着きたい，ということですね？

旅行客：はい，急いでいます。コンサートがもうすぐ始まるんです。

男性　：それなら，タクシーに乗ってください。だいたい10分くらいで着きますよ。

実践問題 C

解答例

問題1	(1)ウ　(2)イ　(3)エ
問題2	(1)(Train) C　(2)16:00
問題3	(1)ア　(2)ウ　(3)ウ
問題4	問1．(1)エ　(2)interesting／pictures (3)He needs to make a name card. 問2．（例文）What time does school start in Canada?

解説

問題1

(1) 「ボブ，明日は暇だわ。買い物に行きましょう」…ウ「それは良い考えだね」が適当。　(2) 「マイク，昨夜どのくらい勉強した？」…イ「2時間だよ」が適当。
(3) 「すみません，書店を探しています。どこにあるかわかりますか？」…エ「病院の前です」が適当。

問題2

(1)「トムはグリーン駅にいて，電車でスプリング駅に行きたいと思っています。今，9時15分です。彼は10時までにスプリング駅に着く必要があります。彼はそこに到達するのにたった2ドルしか使えません。彼はどの電車を使いますか？」…グリーン駅発が9時15分よりも後，スプリング駅着が10時より前，値段が2ドルのCが適当。　(2) 「ケンは今日の午後に映画を見に行く予定です。彼は動物映画よりもドラマやスポーツ映画が好きです。彼は外国映画を見たいと思っています。彼が見たい映画は何時に始まりますか？」…午後の映画では，外国のスポーツ映画が16：00に始まる。

問題3　【日本語訳】参照。

(1) 「ケビンは日本語を書くのが難しいと思っていますか？」　(2) 「美佳はどのように英語を書く練習をしましたか？」　(3) 「美佳は『上手に泳ぎたいなら水の中で泳ぐ練習をしなさい』と言いました。彼女はこれらの言葉でケビンに何を伝えたかったのですか？」

【日本語訳】

ケビン：やあ，美佳。時間はある？

美佳　：ええ，どうしたの，ケビン？

ケビン：⑴ァ日本語を話せるんだけど，書くのはとても難しいよ。どのように日本語を書く練習をしたらいいかな？

美佳　：私が英語を勉強していたとき書く練習になる良い方法を見つけたわ。

ケビン：本当に？それはどんな方法？

美佳　：⑵ゥアメリカの友達に英語で手紙をたくさん書いたわ。とても楽しかったし，今では英語を書くのがそれほど難しくなくなったの。

ケビン：ああ，僕も手紙なら書けるよ。オーストラリアで担当してくれた先生に日本語で書くよ。彼女に日本で新しい学校生活を楽しんでいるって伝えるよ。

美佳　：いいわね！⑶ゥコミュニケーションのために日本語を書くことが重要だわ。「上手に泳ぎたいなら，水の中で泳ぐ練習をしなさい」ってよく言うものね。

ケビン：わかったよ。他の人との間でもっと日本語を使うよ。

問題4　【日本語訳】参照。

問1(1)　「和也はクッキングルームでどの国の食べ物を食べることができますか？」　(2)　「和也はアートルームで1時から何を見ることができますか？」…「彼はお祭りの興味深い写真（＝interesting pictures）をたくさん見ることができる」が適当。　(3)　「和也は体育館でカナダから来た生徒たちと対面するつもりです。その前に事務所で何をする必要がありますか？」…「名前カードを作る必要がある（＝He needs to make a name card.）」が適当。

問2　「カナダでの学生生活について，あなたは何を尋ねたいですか？カナダから来た生徒に尋ねる質問を書きなさい」…無理に難しい単語を使う必要はないので，書ける単語を使って文を作ろう。4語以上の条件を守ること。（例文の訳）「カナダでは，学校は何時に始まりますか？」

【日本語訳】

カルチャー・デイへようこそ。私の名前はエディです。カナダから来ました。今日は，カナダ，中国，フランス，インドの4か国の人と多くのことをして楽しむことができます。食べること，学ぶこと，新しい友達と話すことの3つができます。

まず，⑴ェクッキングルームで，インドの食べ物を食べることができます。好みの食べ物を見つけてください。

次に，⑵1時からアートルームでは，中国，フランス，インドの人が，それぞれの国のお祭りの興味深い写真をたくさん見せてくれます。これらのお祭りについて学んで楽しむことができます。

3つ目に，2時に体育館でカナダの学生と対面して話すことができます。彼らはカナダの学校について話してくれます。質問があれば，そこで彼らに尋ねてみてください。体育館で対面する前に，⑶事務所に行って名前カードを作る必要があります。

カルチャー・デイで楽しい時間をお過ごしください。

高校入試対策

英語リスニング練習問題

解答集

≔ contents

※**問題は別冊です**

入試本番に向けて

入試本番までにしておくこと

入試本番までに志望校の過去問を使って出題パターンを把握しておこう。英語リスニング問題は学校ごとに出題傾向があります。受験する学校の出題パターンに慣れておくことが重要です。

リスニング開始直前のチェックポイント

音声が流れるまでに問題文全体にざっと目を通そう。それぞれの問題で話題となる場面や登場人物をチェックしておこう。

☑ イラストを check！

英語リスニング問題ではイラストやグラフが使われることが多くあります。イラストなら<u>共通点と相違点を見つけて</u>，放送される事がらを予想しておこう。グラフなら<u>たて軸とよこ軸が何を表しているか</u>を見ておこう。

☑ 選択肢を check！

英文を選ぶ問題では，選択肢の登場人物，場所，日時などを事前に見つけ出して○やアンダーラインなどの "しるし" をつけておこう。また，選択肢の共通点と相違点を見つけて質問を予想しておこう。

☑ 数字表現を check！

英語リスニング問題で必ず出題されるのが数字表現です。問題に数を表したイラストや時間を表す単語などがあるときは，数字を意識して解く問題だと予想しておこう。あらかじめ，問題文の英単語を数字に置きかえてメモしておく（fifteen → 15）とよい。

リスニング本番中の心構え

☑ メモにとらわれない！

英語リスニング問題ではほとんどの場合，「放送中にメモを取ってもかまいません。」という案内があります。特に，長文を聴き取らなくてはならないときはメモは不可欠です。ただし，メモを取るときに注意すべきことがあります。それは，<u>メモを取ることに集中しすぎて音声を聴き逃さない</u>ことです。○やアンダーラインなど自分がわかる "しるし" をうまく活用して，「聴く」ことから気をそらさないようにしよう。

☑ 2回目は聴き方を変える！

放送文が1回しか読まれない入試問題もありますが，多くの場合は質問も含めて2回繰り返して読まれます。2回繰り返して読まれるときは，1回目と2回目で聴き方を変えます。1回目は状況や場面を意識し，（質問が先に放送される場合は，）2回目は質問に合う答えを出すことを意識しよう。1回目で答えがわかったときは，2回目は聴き違いがないか消去法を使って確実に聴き取ろう。

この解答集の特長と使い方

問題を解き終えたら，基本問題集（別冊）P1 ～ P2 の手順で答え合わせと復習をしよう。
解答集の左側のページにある QR コードを読み取ると，そのページの**さらに詳しい解説**を見ることができます。

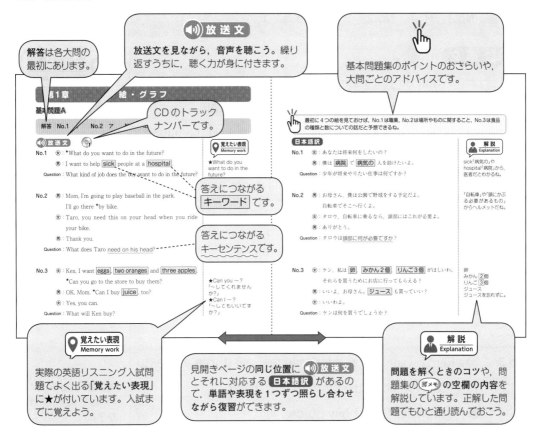

まとめ　（P37 ～ 38）

「覚えたい表現」をおさらいしておこう。
このページの QR コードを読み取ると，グループ分けした「覚えたい表現」を見ることができます。

聞き違いをしやすい表現　Easy to mistake　（P39）

「聞き違いをしやすい表現」を知っておこう。
このページの音声はＣＤや教英出版ウェブサイトで聴くことができます。

もっと **リスニング力** をつけるには

🔊 音声に合わせてシャドーイング（発音）してみよう！
　正しい発音ができるようになると聴く力もぐんと上がります。まずは自分のペースで放送文を声に出して読んでみよう。次に音声に合わせて発音していこう。最初は聴こえたまま声に出し，慣れてきたら正しい発音を意識しよう。繰り返すうちに，おのずと正しい発音を聴き取る耳が鍛えられます。

🔊 音声を聴きながらディクテーション（書き取り）してみよう！
　聴こえた英文を書き取る練習をしよう。何度も聴いて文が完成するまでトライしよう。聴き取れなかった単語や文がはっきりするので，弱点の克服につながります。また，英語を書く力も鍛えられます。

第1章　　絵・グラフ

基本問題A

解答　No.1　イ　　No.2　ア　　No.3　エ

 放送文

No.1　⊛：★What do you want to do in the future?

　　　　⊛：I want to help sick people at a hospital .

　　Question：What kind of job does the boy want to do in the future?

No.2　⊛：Mom, I'm going to play baseball in the park.

　　　　　I'll go there ★by bike.

　　　　⊛：Taro, you need this on your head when you ride your bike.

　　　　⊛：Thank you.

　　Question：What does Taro need on his head?

No.3　⊛：Ken, I want eggs , two oranges and three apples .

　　　　　★Can you go to the store to buy them?

　　　　⊛：OK, Mom. ★Can I buy juice , too?

　　　　⊛：Yes, you can.

　　Question：What will Ken buy?

覚えたい表現
Memory work

★What do you want to do in the future?
「あなたは将来何をしたいですか？」

★by bike
「自転車で」

★Can you ～ ?
「～してくれませんか？」
★Can I ～ ?
「～してもいいですか？」

基本問題B

解答　No.1　ア　　No.2　イ　　No.3　ア　　No.4　イ

 放送文

No.1　A man is ★looking at a clock on the wall .

　　Question：Which person is the man?

No.2　It was snowing this morning, so I couldn't go to school by bike. I ★had to walk.

　　Question：How did the boy go to school this morning?

★look at ～
「～を見る」

★have to ～
「～しなければならない」

最初に４つの絵を見ておけば，No.1は職業，No.2は場所やものに関すること，No.3は食品の種類と数についての話だと予想できるね。

日本語訳

No.1 女：あなたは将来何をしたいの？

　　　 男：僕は 病院 で 病気の 人を助けたいよ。

　　 Question：少年が将来やりたい仕事は何ですか？

No.2 男：お母さん，僕は公園で野球をする予定だよ。

　　　　　 自転車でそこへ行くよ。

　　　 女：タロウ，自転車に乗るなら，頭部にはこれが必要よ。

　　　 男：ありがとう。

　　 Question：タロウは頭部に何が必要ですか？

No.3 女：ケン，私は 卵 ， みかん２個 ， りんご３個 がほしいわ。

　　　　　 それらを買うためにお店に行ってもらえる？

　　　 男：いいよ，お母さん。 ジュース も買っていい？

　　　 女：いいわよ。

　　 Question：ケンは何を買うでしょうか？

解説 Explanation

sick「病気の」やhospital「病院」から，医者だとわかるね。

「自転車」や「頭にかぶる必要があるもの」からヘルメットだね。

卵
みかん ２ 個
りんご ３ 個
ジュース
ジュースを忘れずに。

４つの絵を見比べて，メモする内容を予想できたかな？ No.1は男性がしていること，No.2は天気と移動手段，No.3は少年の体調，No.4は時刻だね。

日本語訳

No.1 男性が 壁 の 時計 を見ています。

　　 Question：その男性はどの人ですか？

No.2 今朝は 雪が降って いたので，私は学校に自転車で行けませんでした。私は歩かなければなりませんでした。

　　 Question：その少年は今朝，どうやって学校へ行きましたか？

解説 Explanation

clock「掛け時計／置き時計」より，アだね。

"snowing"，"walk"が聞き取れれば，イとわかるね。

－ 4 －

No.3　㊛：★What's the matter?

　　　㊚：Well, I've had a stomachache since this morning.
　　　　　 I didn't have it ★last night.

　　　㊛：That's too bad. Are you all right?

　　　Question：When did the boy have a stomachache?

No.4　㊛：Good morning, Kanta. Did you sleep well last night?

　　　㊚：Yes, Judy. I ★went to bed at eleven last night and ★got up at seven this morning .

　　　㊛：Good. I could only sleep ★for six hours.

　　　Question：What time did Kanta get up this morning ?

練習問題A

解答　No.1　ア　　No.2　エ　　No.3　ア　　No.4　ウ

No.1　㊛：Ah, I hope it will ★stop raining soon.

　　　㊚：It was sunny yesterday.

　　　㊛：Yes. But the TV says we will have snow this afternoon.

　　　㊚：Really? ★How about tomorrow ?

　　　㊛：It will be cloudy.

　　　Question：How will the weather be tomorrow ?

No.2　㊚：★Thank you for giving me a birthday present, Mary.
　　　　　 I like the bag very much.

　　　㊛：I'm happy you like it, Kenta.
　　　　　 Oh, you're wearing a nice T-shirt today.

　　　㊚：This is a birthday present from my sister.
　　　　　 And my mother made a birthday cake ★for me.

　　　㊛：Great. But you wanted a computer, right?

　　　㊚：Yes, I got one from my father !

　　　Question：What did Kenta get from his father ?

No.3　女：どうしたの？

　　　男：うーん，今朝からずっとお腹が痛いんです。

　　　　　昨夜は痛くなかったのですが。

　　　女：それは大変ね。大丈夫？

　　　Question：少年はいつお腹が痛かったですか？

昨夜
お腹が痛くない。
今朝
お腹が痛い。

No.4　女：おはよう，カンタ。昨夜はよく眠れた？

　　　男：うん，ジュディ。昨夜は11時に寝て，今朝は7時に起きたよ。

　　　女：いいね。私は6時間しか眠れなかったわ。

　　　Question：カンタは今朝何時に起きましたか？

質問に
this morning「今朝」
とあるから起きた時
刻の午前7時だね。

No.1は天気，No.2は誕生日プレゼント，No.3は時刻，No.4はクラスのアンケート結果について メモしよう。No.3は計算が必要だね。

日本語訳

No.1　女：ああ，すぐに雨が止んでほしいわ。

　　　男：昨日は晴れていたのに。

　　　女：ええ。でもテレビによると，今日の午後は雪らしいわ。

　　　男：本当に？　明日はどう？

　　　女：くもりらしいわ。

　　　Question：明日の天気はどうですか？

昨日：晴れ
現在：雨
今日午後：雪
明日：くもり
質問はtomorrow
「明日」だからくもり
だね。

No.2　男：誕生日プレゼントをありがとう，メアリー。

　　　　　バッグをとても気に入ったよ。

　　　女：気に入ってくれてよかったわ，ケンタ。

　　　　　あら，今日は素敵なTシャツを着ているわね。

　　　男：これは姉(妹)からの誕生日プレゼントなんだ。

　　　　　母も僕のために誕生日ケーキを作ってくれたんだ。

　　　女：すてき。でもあなたはパソコンがほしかったんでしょ？

　　　男：そうだよ，父からもらったよ！

　　　Question：ケンタは父から何をもらいましたか？

メアリー：バッグ
姉(妹)：Tシャツ
母：誕生日ケーキ
父：パソコン
質問はfather「父」か
らもらったものだか
ら，パソコンだね。

No.3　(女)：The movie will start at 11:00.

★What time shall we meet tomorrow, Daiki?

(男)：How about meeting at the station at 10:30, Nancy?

(女)：Well, I want to go to a bookstore with you before the movie starts. Can we meet earlier?

(男)：All right. <u>Let's meet at the station fifty minutes before the movie starts.</u>

(女)：OK. See you tomorrow!

Question：What time will Daiki and Nancy meet at the station?

No.4　(女)：Tsubasa, look at this!

We can see the most popular sports in each class.

(男)：Soccer is ★the most popular in my class, Mary.

(女)：<u>Soccer is popular in my class, too.</u>
<u>But volleyball is more popular.</u>

(男)：I see. And many of my classmates want to play softball. I want to try it, too!

(女)：Really? ★<u>No students in my class want to play softball.</u>

Question：Which is Mary's class?

練習問題B

解答　No.1　ア　　No.2　ウ　　No.3　ア　　No.4　ウ

No.1　(女)：Kota, what a nice room!

(男)：Thank you! Do you know what this is, Judy?

(女)：No. ★I've never seen it before. Is it a table?

(男)：<u>Yes, but this is not just a table.</u>
<u>This also ★keeps us warm in winter.</u>

Question：What are they talking about?

No.3

（女）：映画は11時に始まるわ。

　　　　明日は何時に待ち合わせようか，ダイキ？

（男）：10時半に駅で待ち合わせるのはどう，ナンシー？

（女）：そうねぇ，私は映画が始まる前にあなたと書店に行きたいわ。

　　　　もっと早く待ち合わせできる？

（男）：いいよ。映画が始まる50分前に駅で会おう。

（女）：わかったわ。また明日ね！

Question：ダイキとナンシーは何時に駅で待ち合わせますか？

解 説 Explanation

11時に映画が始まる。その50分前に待ち合わせるから，**ア**の「10時10分」だね。fifty「50」は前にアクセント，fifteen「15」は後ろにアクセントがあるよ。

No.4

（女）：ツバサ，これを見て！

　　　　それぞれのクラスで1番人気のあるスポーツがわかるわ。

（男）：僕のクラスではサッカーが1番人気だね，メアリー。

（女）：サッカーは私のクラスでも人気よ。

　　　　でも，バレーボールの方がもっと人気だわ。

（男）：そうだね。それから，僕のクラスメートの多くはソフトボールをやりたいようだよ。僕もやってみたいな！

（女）：本当？私のクラスではソフトボールをやりたい生徒はいないわ。

Question：メアリーのクラスはどれですか？

ツバサのクラス：
サッカーが1位
ソフトボールが人気

メアリーのクラス：
サッカーよりバレーボールが人気
ソフトボールが0人

グラフの問題の音声を聞くときは，1番多い（少ない）もの，増加，減少などをメモしよう。消去法も有効だよ。

日本語訳

No.1

（女）：コウタ，何て素敵な部屋なの！

（男）：ありがとう！これは何か知ってる，ジュディ？

（女）：いいえ。一度も見たことがないわ。テーブルかしら？

（男）：そうだよ，でもこれはただのテーブルではないんだ。

　　　　これは冬に僕らを温めてもくれるんだ。

Question：彼らは何について話していますか？

解 説 Explanation

ただのテーブルではなく，温めてくれるもの→「こたつ」だね。

No.2 男：Kate, this is a picture of our music band.

We played some songs at the ★school festival this year.

It was a wonderful time for us!

女：You ★look excited, Hiroshi.

Who is the student playing the guitar ★next to you?

男：He is Ryosuke. He plays the guitar well, and the other student playing the guitar is Taro.

女：I see. The student playing the drums is Takuya, right?

★I hear he ★is good at singing, too.

Question：Which boy is Hiroshi?

★school festival
「学園祭」
★look 〜
「〜のように見える」
★next to 〜
「〜のとなりに」

★I hear (that) 〜.
「〜だそうだ」
★be good at 〜 ing
「〜することが得意だ」

No.3 It was interesting to know what activity you enjoyed the best in my English class.

I ★was glad to know that ★over ten students chose ★making speeches. Eight students chose reading stories, and ★the same number of students chose writing diaries.

Maybe you can guess the most popular activity among you. It was listening to English songs.

I hope you will ★keep enjoying English.

Question：Which graph is the speaker explaining?

★be glad to 〜
「〜してうれしい」
★over 〜「〜以上」
★make a speech
「スピーチをする」
★the number of 〜
「〜の数」

★keep 〜 ing
「〜し続ける」

No.4 Look at the graph.

This is a graph of the number of visitors to the art museum which was built in 2014 in our city.

The number kept ★going up until 2016.

But the next year, it ★went down 20%.

The numbers in 2017 and 2018 were the same.

Question：Which graph is the speaker explaining?

★go up「増加する」

★go down
「減少する」

No.2　　男：ケイト，これは僕らの音楽バンドの写真だよ。

　　　　　　僕らは今年学園祭で何曲か演奏したんだ。

　　　　　　僕らにとってすばらしい時間だったよ！

　　　　女：興奮しているようね，ヒロシ。

　　　　　　あなたのとなりでギターを弾いているのは誰？

　　　　男：彼はリョウスケだよ。彼はギターが上手なんだ，そしても

　　　　　　う1人，ギターを弾いているのがタロウだよ。

　　　　女：そうなの。ドラムをたたいているのはタクヤね？

　　　　　　彼は歌も上手だそうね。

　　Question：どの少年がヒロシですか？

解説
Explanation

ギター：
リョウスケとタロウ
ドラム：タクヤ
ヒロシはリョウスケ
のとなりにいる**ウ**だ
ね。

No.3　　私の英語の授業の中で，みなさんが何の活動を一番楽しんだか

　　　　がわかって興味深かったです。

　　　　私は，10人以上の生徒がスピーチをすることを選んでくれたと

　　　　知って，うれしく思いました。8人の生徒が物語を読むことを

　　　　選び，同じ人数の生徒が日記を書くことを選びました。

　　　　みなさんのあいだで一番人気があったものはたぶん想像がつく

　　　　と思います。

　　　　英語の歌を聞くことでした。

　　　　これからもずっと英語を楽しんでほしいです。

　　Question：話し手が説明しているのはどのグラフですか？

音声を聞く前にグラ
フの項目名を見てお
こう。
スピーチ：10人以上
物語：8人
日記：物語と同じ人数
英語の歌：最も人気

これらの情報から**ア**
を選べるね。

No.4　　グラフを見て下さい。

　　　　これは，2014年に私たちの市に建てられた美術館の，来場者数

　　　　のグラフです。

　　　　その数は2016年まで増加し続けました。

　　　　しかし，次の年に20%減少しました。

　　　　2017年と2018年は同数でした。

　　Question：話し手が説明しているのはどのグラフですか？

増減に着目しよう。
「2016年まで増加」
「2017年と2018年は
同数」より，**ウ**だ
ね。

第2章　　　次の一言

基本問題

解答　No.1　イ　　No.2　ウ　　No.3　イ　　No.4　ア

🔊 放送文　◎5

覚えたい表現
Memory work

No.1　⬚女：★Have you ever been to a foreign country?

　　　⬚男：Yes. I went to Australia last year.

　　　⬚女：Oh, I see. How long did you stay there?

ア　By plane.　④ For six days.　ウ　With my family.

★Have you ever been to 〜?
「〜に行ったことがありますか?」

No.2　⬚女：★May I help you?

　　　⬚男：Yes, I'm ★looking for a blue jacket.

　　　⬚女：How about this one?

ア　Here you are.　イ　I'm just looking.　⑦ It's too expensive for me.

★May I help you?
「お手伝いしましょうか?／いらっしゃいませ」
★look for 〜
「〜を探す」

No.3　⬚女：★What are you going to do this weekend?

　　　⬚男：I'm going to ★go fishing in the sea with my father if it's sunny.

　　　⬚女：Really? That will be fun.

ア　Sorry, I'm busy.　④ I hope the weather will be nice.
ウ　Nice to meet you.

★What are you going to do?
「何をするつもりですか?」
★go fishing
「釣りに行く」

No.4　⬚女：Hello.

　　　⬚男：Hello, this is Mike. ★May I speak to Yoko?

　　　⬚女：I'm sorry. She isn't at home now.

⑦ OK. I'll call again later.　イ　Shall I take a message?
ウ　Hello, Yoko. How are you?

★May I speak to 〜?
「(電話で)〜さんをお願いできますか?」

最後の英文をメモできたかな。質問ならばそれに合う答えを選び，質問でなければ，話の流れから考えよう。消去法も有効だよ。

日本語訳

解 説
Explanation

No.1 　(女)：外国に行ったことはある？

　　　　(男)：うん。去年，オーストラリアに行ったよ。

　　　　(女)：あら，そうなの。<u>そこにはどれくらい滞在したの？</u>

ア　飛行機だよ。　(イ)　6日間だよ。　ウ　家族と一緒にだよ。

最後の英文
How long ～？
「(期間をきいて)どれくらい～？」より，返答はFor ～.
「～間です」だね。

No.2 　(女)：お手伝いしましょうか？

　　　　(男)：はい，青いジャケットを探しています。

　　　　(女)：<u>こちらはいかがですか？</u>

ア　はい，どうぞ。　イ　見ているだけです。　(ウ)　私には値段が高すぎます。

最後の英文
How about this one?
「こちらはいかがですか？」より，返答はウだね。

No.3 　(女)：この週末は何をするつもりなの？

　　　　(男)：<u>晴れたら，父と海に釣りに行くつもりだよ。</u>

　　　　(女)：本当に？それは楽しそうね。

ア　ごめん，僕は忙しいんだ。　(イ)　天気が良いことを願うよ。
ウ　会えてうれしいよ。

最後の英文が質問ではない。その前に「晴れたら…」と言っているので，話の流れからイだね。

No.4 　(女)：もしもし。

　　　　(男)：もしもし，マイクです。ヨウコさんをお願いできますか？

　　　　(女)：ごめんね。<u>彼女は今家にいないわ。</u>

(ア)　わかりました。あとでかけ直します。　イ　伝言を預かりましょうか？
ウ　やあ，ヨウコ。元気？

電話で相手が不在だった場合，電話をかけた側がよく使う表現を選ぶよ。ふさわしいのはアだね。

練習問題

解答　No.1　エ　　No.2　ウ　　No.3　イ　　No.4　ア

🔊 放 送 文　💿6

No.1　(男)：Hello?

　　　　(女)：This is Natsuki. May I speak to Jim, please?

　　　　(男)：I'm sorry, but ★you have the wrong number.

> ア　I don't know your phone number.
> イ　I see. Do you want to leave a message?
> ウ　Can you ask him to call me?
> ㋘　I'm so sorry.

★You have the wrong number.
「番号が違っています」

No.2　(男)：Have you finished cooking?

　　　　(女)：No. ★I've just washed the tomatoes and carrots.

　　　　(男)：OK. Can I help you?

> ア　Sorry. I haven't washed the tomatoes yet.
> イ　I don't think so. Please help me.
> ㋒　Thanks. Please cut these carrots.
> エ　All right. I can't help you.

★I've just＋過去分詞.
「ちょうど～したところだ」

No.3　(女)：It's so hot today. Let's have something to drink.

　　　　(男)：Sure. I know a good shop. It ★is famous for fruit juice.

　　　　(女)：Really? ★How long does it take to get there from here by bike?

> ア　Ten o'clock in the morning.　㋑　Only a few minutes.
> ウ　Four days a week.　エ　Every Saturday.

★be famous for ～
「～で有名である」
★How long does it take to ～?
「～するのにどれくらい時間がかかりますか?」

No.4　(男)：Whose notebook is this? ★There's no name on it.

　　　　(女)：Sorry, Mr. Jones. It's mine.

　　　　(男)：Oh, Ellen. You should write your name on your notebook.

> ㋐　Sure. I'll do it now.　イ　No. I've never sent him a letter.
> ウ　Yes. You found my name on it.　エ　Of course. I finished my homework.

★There is no ～.
「～がない」

最後の英文を聞き取って，メモできたかな？質問や提案に対する受け答えを注意深く選ぼう。

日本語訳

解説
Explanation

No.1 男：もしもし？

女：ナツキです。ジムさんをお願いできますか？

男：すみませんが，番号が違っています。

ア　私はあなたの電話番号を知りません。
イ　わかりました。伝言を残したいですか？
ウ　私に電話するよう彼に伝えてくれますか？
エ　失礼しました。

男性の「番号が違っています」に対して，エ「失礼しました」以外は不適切だね。

No.2 男：料理は終わった？

女：いいえ。ちょうどトマトとニンジンを洗ったところよ。

男：よし，手伝おうか？

ア　ごめん。私はまだトマトを洗い終えていないの。
イ　そうは思わないわ。私を手伝って。
ウ　ありがとう。ニンジンを切って。
エ　わかったわ。私は手伝えないわ。

男性の提案「手伝おうか？」に対して，ウ「ありがとう。ニンジンを切って」以外は不適切だね。

No.3 女：今日はとても暑いわ。何か飲みましょう。

男：いいね。いい店を知っているよ。フルーツジュースで有名なんだ。

女：本当に？自転車でそこに行くのにどれくらい時間がかかるの？

ア　午前10時だよ。　イ　ほんの数分だよ。
ウ　週に4日だよ。　エ　毎週土曜日だよ。

How long does it take to ～?「～するのにどれくらい時間がかかりますか？」に対して，イ Only a few minutes.「ほんの数分」以外は不適切だね。

No.4 男：これは誰のノートかな？名前が書いてないな。

女：すみません，ジョーンズ先生。私のです。

男：おお，エレン。ノートには自分の名前を書いておくべきだよ。

ア　わかりました。すぐにそうします。
イ　いいえ。彼に手紙を送ったことはありません。
ウ　はい。あなたはそこに私の名前を見つけましたよね。
エ　もちろんです。私は宿題を終えました。

先生から「ノートには自分の名前を書いておくべきだよ」と言われたことに対して，ア「わかりました。すぐにそうします」以外は不適切だね。

第3章　　対話や英文と質問（1つ）

基本問題

解答　No.1　エ　　No.2　ア　　No.3　ウ

 放 送 文　　⊚7

No.1　Mike finished his homework.

He was very hungry.

His mother said, "Dinner *is ready.

Please *tell Dad to come to the dining room."

So he went to his father.

Question：What is Mike's mother going to do?

ア　She is going to do Mike's homework with her husband.
イ　She is going to cook dinner in the dining room.
ウ　She is going to go to the dining room with Mike.
エ　**She is going to eat dinner with her husband and Mike.**

★be ready
「準備ができている」
★tell＋人＋to ～
「（人）に～するように言う」

No.2　⼥：Tom, how's the pizza?

男：It's delicious, Lisa. I like your pizza very much.

⼥：Thank you. *Would you like some more?

Question：What will Tom say next?

ア　**Yes, please. I want more.**　イ　Help yourself, Lisa.
ウ　I'm sorry. I can't cook well.　エ　Of course. You can take it.

★Would you like some more?
「もう少しいかが？」
（食べ物などを勧めるときの表現）

No.3　⼥：I want this black pen . *How much is it?

男：Now we're having a sale. It's 1,500 yen this week.

⼥：I'll take it. It's a birthday present for my father.

Question：Where are they?

ア　They are in the nurse's office.　イ　They are in the library.
ウ　**They are at a stationery shop.**　エ　They are at a birthday party.

★How much ～？
「～はいくらですか？」

覚えたい表現
Memory work

選択肢を読み比べておくと，誰の何について質問されるかをある程度予想できるよ。対話を聞きながら，人の名前や行動などをメモしよう。

日本語訳

解説 Explanation

No.1　マイクは宿題を終えました。

彼はとてもお腹がすいていました。

母親が言いました。「夕食の準備ができたわ。

お父さんにダイニングに来るように言って」

それで彼は父親のところに行きました。

Question：マイクの母親は何をするつもりですか？

> ア　彼女は夫と一緒にマイクの宿題をするつもりです。
> イ　彼女はダイニングで夕食を作るつもりです。
> ウ　彼女はマイクとダイニングに行くつもりです。
> エ　彼女は夫とマイクと一緒に夕食を食べるつもりです。

マイク：宿題が終わった。おなかがすいた。父親を呼びに行く。
母親：夕食の準備ができた。
つまり，これから3人で夕食を食べるので，エだね。

No.2　女：トム，ピザはどう？

男：おいしいよ，リサ。僕は君のピザが大好きだよ。

女：ありがとう。もう少しいかが？

Question：トムは次に何を言うでしょうか？

> ア　うん，お願い。もっとほしい。　イ　自由に取ってね，リサ。
> ウ　ごめん。うまく料理できないんだ。　エ　もちろん。取っていいよ。

リサがトムに「もう少しいかが？」と勧めているので，アだね。

No.3　女：私はこの　黒いペン　を買いたいです。おいくらですか？

男：ただいまセール中です。今週は1500円です。

女：それをいただきます。父への誕生日プレゼントなんです。

Question：彼らはどこにいますか？

> ア　彼らは保健室にいます。　イ　彼らは図書館にいます。
> ウ　彼らは文具店にいます。　エ　彼らは誕生日会にいます。

黒いペンを売っている店だから，ウのstationery shop「文具店」だね。

練習問題

解答　No.1　ア　　No.2　イ　　No.3　ア　　No.4　イ

 放送文　

★覚えたい表現
Memory work

★Are you free?
「（時間が）空いている？」

★be out
「外出している」
★want＋人＋to ～
「（人）に～してほしい」
★Can I leave a message?
「伝言をお願いできますか？」

★Could you ～？
「～していただけませんか？」

No.1　男：I'm going to buy a birthday present for my sister. Lisa, can you go with me?

女：Sure, Ken.

男：★Are you free tomorrow?

女：Sorry, I can't go tomorrow. When is her birthday?

男：Next Monday. Then, how about this Saturday or Sunday?

女：Saturday is fine with me.

男：Thank you.

女：What time and where shall we meet?

男：How about at eleven at the station?

女：OK. See you then.

Question：When are Ken and Lisa going to buy a birthday present for his sister?

ア　This Saturday.　イ　This Sunday.　ウ　Tomorrow.　エ　Next Monday.

No.2　女：Hello?

男：Hello. This is Tom. Can I speak to Eita, please?

女：Hi, Tom. I'm sorry, he ★is out now.
Do you ★want him to call you later?

男：Thank you, but I have to go out now. ★Can I leave a message?

女：Sure.

男：Tomorrow we are going to do our homework at my house. ★Could you ask him to bring his math notebook?
I have some questions to ask him.

女：OK, I will.

Question：What does Tom want Eita to do?

ア　To do Tom's homework.　イ　To bring Eita's math notebook.
ウ　To call Tom later.　エ　To leave a message.

- 17 -

音声を聞く前に選択肢を読み比べて、質問される人や内容を考えておこう。対話が長いので、ポイントをしぼってメモをとろう。

日本語訳

No.1

男：姉(妹)の誕生日プレゼントを買おうと思っているんだ。リサ、一緒に来てくれない？

女：いいわよ、ケン。

男：明日は空いてる？

女：ごめんね、明日は行けないわ。彼女の誕生日はいつ？

男：次の月曜だよ。じゃあ、この土曜日か日曜日はどう？

女：土曜日は都合がいいわ。

男：ありがとう。

女：何時にどこで待ち合わせる？

男：11時に駅でどうかな？

女：ええ。じゃあそのときね。

Question：ケンとリサはいつ彼の姉(妹)の誕生日プレゼントを買うつもりですか？

⑦ この土曜日。　イ　この日曜日。　ウ　明日。　エ　次の月曜日。

解説

選択肢より、曜日に注意してメモをとろう。This Saturday.「この土曜日」の**ア**だね。

No.2

女：もしもし？

男：もしもし。トムです。英太さんをお願いできますか？

女：こんにちは、トム。ごめんね、彼は今外出しているわ。あとでかけ直すようにしましょうか？

男：ありがとうございます、でもすぐに外出しないといけないんです。伝言をお願いできますか？

女：いいわよ。

男：明日、僕の家で一緒に宿題をすることになっています。数学のノートを持ってくるよう彼に頼んでいただけませんか？彼にいくつか尋ねたいことがあるんです。

女：わかったわ、伝えておくわね。

Question：トムが英太にしてほしいことは何ですか？

ア　トムの宿題をすること。　（イ）　数学のノートを持ってくること。
ウ　あとでトムに電話すること。　エ　伝言を残すこと。

解説

選択肢より、英太がトムに対してすること(トムが英太にしてほしいこと)を選ぼう。トムは3回目の発言で**イ**の内容の伝言を伝えたんだね。

No.3

㊛：Hi, Mike. ★What kind of book are you reading?

㊚：Hi, Rio. It's about *ukiyoe* pictures. I learned about them last week.

㊛：I see. You can see *ukiyoe* in the city art museum now.

㊚：Really? I want to visit there.
In my country, there are some museums that have *ukiyoe*, too.

㊛：Oh, really? I ★am surprised to hear that.

㊚：I have been there to see *ukiyoe* once.
I want to see them in Japan, too.

㊛：I went to the city art museum last weekend.
It was very interesting. You should go there.

Question：Why was Rio surprised?

⑦ Because Mike said some museums in his country had *ukiyoe*.
イ　Because Mike learned about *ukiyoe* last weekend.
ウ　Because Mike went to the city art museum in Japan last weekend.
エ　Because Mike didn't see *ukiyoe* in his country.

No.4

㊛：Hello, Hiroshi. How was your holiday?

㊚：It was great, Lisa. I went to Kenroku-en in Kanazawa. It is a beautiful Japanese garden.

㊛：How did you go there?

㊚：I took a train to Kanazawa from Toyama.
Then I wanted to take a bus from Kanazawa Station, but there were many people. So I ★decided to walk.

㊛：Oh, really? How long did it take ★from the station to Kenroku-en?

㊚：About 25 minutes. I saw many people from other countries.

㊛：I see. Kanazawa is an ★international city.

Question：Which is true?

ア　It took about 25 minutes from Toyama to Kanazawa.
① Hiroshi walked from Kanazawa Station to Kenroku-en.
ウ　Hiroshi went to many countries during his holiday.
エ　Hiroshi took a bus in Kanazawa.

覚えたい表現
Memory work

★What kind of ～?
「どんな種類の～？」

★be surprised to ～
「～して驚く」

★decide to ～
「～することに決める
／決心する」
★from A to B
「AからBまで」

★international
「国際的な」

No.3　(女)：こんにちは，マイク。どんな本を読んでいるの？

　　　(男)：やあ，リオ。浮世絵についての本だよ。先週それらについて学んだんだ。

　　　(女)：そうなの。今，市立美術館で浮世絵を見ることができるよ。

　　　(男)：本当に？そこに行きたいな。
　　　　　　僕の国にも，浮世絵のある美術館があるよ。

　　　(女)：え，本当に？それを聞いて 驚いた わ。

　　　(男)：僕は一度そこに浮世絵を見に行ったことがあるよ。
　　　　　　日本でも見たいな。

　　　(女)：先週末，市立美術館に行ったの。
　　　　　　とても面白かったわ。あなたも行くべきよ。

　　Question：なぜリオは驚きましたか？

⟨ア⟩　マイクが彼の国の美術館に浮世絵があると言ったから。
イ　マイクが先週末に浮世絵について学んだから。
ウ　マイクが先週末に日本の市立美術館に行ったから。
エ　マイクが彼の国で浮世絵を見なかったから。

選択肢が全て
Because Mike 〜.
マイクが言ったことは
・浮世絵についての
　本を読んでいる。
・浮世絵のある美術
　館が自国にもある。
・自国の美術館に浮
　世絵を見に行った
　ことがある。
・日本でも浮世絵を
　見たい。
質問は「リサが驚い
た理由」だから，アだ
ね。

No.4　(女)：こんにちは，ヒロシ。休みはどうだった？

　　　(男)：すばらしかったよ，リサ。金沢の兼六園に行ったよ。
　　　　　　美しい日本庭園だよ。

　　　(女)：そこにはどうやって行ったの？

　　　(男)：富山から金沢まで電車に乗ったよ。
　　　　　　そして金沢駅からはバスに乗りたかったけれど，とても
　　　　　　たくさんの人がいたんだ。それで僕は歩くことにしたよ。

　　　(女)：まあ，本当？駅から兼六園までどれくらい時間がかかったの？

　　　(男)：約25分だよ。外国から来たたくさんの人を見たよ。

　　　(女)：なるほど。金沢は国際都市ね。

　　Question：どれが正しいですか？

ア　富山から金沢まで約25分かかった。
⟨イ⟩　ヒロシは金沢駅から兼六園まで歩いた。
ウ　ヒロシは休みの間にたくさんの国に行った。
エ　ヒロシは金沢でバスに乗った。

選択肢から以下の
キーワードにしぼっ
て，音声の同様の単
語に注意しよう。
ア 25 minutes
イ walk
ウ many countries
エ bus
アはヒロシの3回目，
イ，エは2回目の発
言にあるけど，ウは
音声にはないね。ヒ
ロシは金沢駅から兼
六園まで歩いたの
で，イだね。

第4章　　語句を入れる

基本問題

解答　No.1　（ア）土　（イ）2時30分　（ウ）青

　　　No.2　（ア）博物館〔別解〕美術館　（イ）150　（ウ）生活〔別解〕暮ら

放送文　

No.1　(女)：David, the festival will ★be held ₇ from Friday to Sunday , right?

　　(男)：Yes, Kyoko. I'm going to join the dance event at the music hall ₇★ on the second day .

　　(女)：That's great! Can I join, too?

　　(男)：Sure. It will start at ₄ three in the afternoon.

　　　　Let's meet there ₄ 30 minutes before that .

　　　　We will wear ₉ blue T-shirts when we dance.

　　　　Do you have one?

　　(女)：Yes, I do. I'll bring it.

No.2　(男)：What is this building, Kate? It looks very old.

　　(女)：This is a ₇ museum , Eita.

　　　　It was built about ₄ 150 years ago and used as a school.

　　(男)：What can we see here?

　　(女)：You can see how people ₉ lived ★a long time ago.

　　　　★Shall we go inside now?

　　(男)：OK. Let's go.

覚えたい表現
Memory work

★be held
「開催される」

★on the second day 「2日目に」

★a long time ago
「昔」
★Shall we 〜?
「（一緒に）〜しましょうか？」

音声を聞く前に空欄を見て，どのような語句が入るか予想しよう。数を聞き取る問題は，アクセントに注意しよう。

日本語訳

解説
Explanation

No.1

(女)：デイビッド，お祭りは ㋐ 金曜日から日曜日まで 開催されるのよね？

(男)：そうだよ，教子。僕は ㋐ 2日目に 音楽ホールで行われるダンスイベントに参加する予定だよ。

(女)：いいわね！私も参加していい？

(男)：いいよ。それは午後 ㋑ 3時 に始まるよ。

㋑ 30分前（＝午後2時30分） に現地で待ち合わせしよう。僕らはダンスをするときに ㋒ 青いTシャツ を着るんだ。持っている？

(女)：ええ，持っているわ。それを持っていくね。

お祭り：
金 曜日〜 日 曜日
ダンスイベント：
2 日目
開始時刻：午後 3 時
集合時刻： 30 分前
Tシャツの色： 青 色

No.2

(男)：この建物は何だろう，ケイト？とても古そうだね。

(女)：これは ㋐ 博物館 よ，英太。
約 ㋑ 150 年前に建てられて，学校として使われたの。

(男)：ここでは何を見ることができるの？

(女)：昔の人々がどのように ㋒ 生活していた かを見られるわ。では中に入りましょうか？

(男)：うん。行こう。

ア
museum「博物館／美術館」を聞き取ろう。
イ
one hundred and fifty（＝150）
fiftyのアクセントに注意。fiftyのアクセントは前にあるよ。
ウ
how以下が間接疑問。lived「生活していた」を聞き取ろう。

← さらに詳しい解説

練習問題

解答　No.1　（ア）Sunday　（イ）11 (in the morning)　No.2　（ア）learn　（イ）Thursday

 放送文　 ⑩10

No.1　男：Hi, Lisa. This is Mike. How's everything?

女：Great, thanks. *What's up?

男：My brother is coming to Fukuoka next Friday and will stay here for three weeks.

How about going to a ramen shop together?

He has wanted to eat ramen in Fukuoka *for a long time.

女：Oh, there's a good ramen shop near my house.

Let's go there.

男：That's great. He will be glad to hear that.

When and where shall we meet?

女：Can you come to my house at ｲ<u>eleven in the morning</u> next Saturday?

Then we can walk to the ramen shop together.

男：I'm sorry, I can't. I'm busy until three in the afternoon that day.

How about *ｲ<u>the same time</u> next ｱ<u>Sunday</u>?

女：All right. Can I *invite my friend Nancy?

男：Sure. See you then. Bye.

No.2　男：Thank you for coming to our concert today, Aya.

How was it?

女：Wonderful! Everyone was great. You especially played the violin very well, James. I really enjoyed the concert.

男：I'm glad to hear that.

女：I want to play the violin, too. ｱCan you teach me *how to play it?

男：ｱSure. ｲI'm free every Thursday.

Please come to my house and we can practice together.

女：That's nice! Can I visit you next ｲ<u>Thursday</u>?

男：Of course.

覚えたい表現
Memory work

★What's up?
「どうしたの？」

★for a long time
「長い間／ずっと」

★the same time
「同じ時間」
★invite ～
「～を招く／誘う」

★how to ～
「～する方法」

音声で流れない語句を答えなくてはならない場合もあるよ。そのようなときは，前後の内容から考えて語句を導き出そう。

日本語訳

解説
Explanation

No.1
男：もしもし，リサ。マイクだよ。元気？

女：元気よ。どうしたの？

男：兄(弟)が今度の金曜日に福岡に来て，3週間いるんだ。
一緒にラーメン屋に行かない？
兄(弟)がずっと福岡のラーメンを食べたいって言っててさ。

女：それなら家の近くにおいしいラーメン屋があるわよ。
そこに行こうよ。

男：やったあ。兄(弟)もそれを聞いたら喜ぶよ。
いつどこで待ち合わせをしようか？

女：今度の土曜日，ｲ 午前11時 に私の家に来られる？
歩いて一緒にラーメン屋まで行けるわ。

男：ごめん，無理だ。その日は午後3時まで忙しいんだ。
今度の ｱ 日曜日 の ｲ 同じ時間 はどう？

女：いいわよ。友達のナンシーも誘っていい？

男：もちろんだよ。じゃあそのときね。バイバイ。

ラーメン屋に行く曜日と時間を答える問題だね。
リサ：土曜日午前11時を提案。
マイク：日曜日の同じ時間を提案。

No.2
男：今日はコンサートに来てくれてありがとう，アヤ。どうだった？

女：素敵だったわ！みんな上手だった。特にあなたはバイオリンをとても上手に演奏していたね，ジェームス。
本当にいいコンサートだったわ。

男：それを聞いてうれしいよ。

女：私もバイオリンを弾いてみたいわ。ｱ弾き方を教えてくれない？

男：ｱいいよ。ｲ毎週木曜日は時間があるよ。
僕の家においでよ，それなら一緒に練習できるよ。

女：ありがとう！次の ｲ 木曜日 に行ってもいい？

男：もちろんだよ。

ア
ジェームスはアヤにバイオリンを教える＝アヤはジェームスからバイオリンを学ぶ。learn「学ぶ」が適切だよ。音声で流れない単語を書く難問だね。practice を入れると後ろのfrom youと合わないから不適切だね。

イ
Thursday「木曜日」を聞き取ろう。

- 24 -

← さらに詳しい解説

第5章　　　　対話と質問（複数）

基本問題

解答　No.1　イ　　　No.2　ア　　　No.3　イ　　　No. 4　ア

 放送文　

男：Hello, Ms. Brown.

女：Hi, Kenji. You don't look well today. ★What happened?

男：Last week we had a basketball game.

　　I was ★so nervous that I couldn't play well.

　　No.1 イ Finally, our team lost the game.

女：Oh, I understand how you feel.

　　I played basketball for ten years in America.

　　I felt nervous during games, too.

男：Oh, did you? No.2 ア I always ★feel sorry for my friends in my team when I make mistakes in the game.

女：Kenji, I had the same feeling. When I made a mistake in the game, I ★told my friends that I was sorry.

　　But one of my friends said, "Don't feel sorry for us. We can ★improve by making mistakes. You can try again!"

　　She told me with a big smile.

　　Her words and smile ★encouraged me.

　　★Since then, I have ★kept her words in mind.

男：Thank you, Ms. Brown. I learned a very important thing from you. No.4 ア Now I believe that I can improve my basketball skills by making mistakes.

女：Great, Kenji! I'm glad to hear that. No.3 イ When is your next game?

男：Oh, No.3 イ it's in November. Please come to watch our game!

女：Sure. I'm ★looking forward to seeing it. Good luck.

男：Thank you, Ms. Brown. I'll ★do my best.

覚えたい表現 Memory work

★What happened?
「何かあった？」

★so…that ～
「とても…なので～」

★feel sorry for ～
「～に申し訳なく思う」

★tell＋人＋that ～
「(人)に～と言う」

★improve
「上達する」

★encourage ～
「～を励ます」
★since then
「それ以来」
★keep ～ in mind
「～を心に留める」

★look forward to ～ ing
「～することを楽しみにする」
★do one's best
「ベストを尽くす」

音声を聞く前に問題文や選択肢を読んでおこう。対話が長いので，集中力を切らさず，答えに関する内容を正しく聞き取ってメモしよう。

日本語訳

解　説
Explanation

（男）：こんにちは，ブラウン先生。

（女）：あら，ケンジ。今日は元気がないわね。何かあった？

（男）：先週，バスケットボールの試合がありました。

とても緊張してうまくプレーできなかったんです。

No.1ィ 結局，僕らのチームは試合に負けてしまいました。

（女）：まあ，私はあなたの気持ちがわかるわ。

私はアメリカで10年間バスケットボールをしていたの。

私もゲーム中に緊張していたわ。

（男）：先生もですか？ No.2ァ 僕は試合でミスをしたとき，いつもチームの友達に申し訳なく思います。

（女）：ケンジ，私も同じ気持ちだったわ。試合で自分がミスをしたとき，

友達に謝っていたの。

でも，友達の1人が，「申し訳なく思うことはないわ。

私たちはミスをすることで上達するの。

また挑戦すればいいのよ！」と満面の笑みで言ってくれたのよ。

彼女の言葉と笑顔に励まされたわ。

それ以来，彼女の言葉を心に留めているの。

（男）：ありがとうございます，ブラウン先生。僕は先生からとても大切

なことを学びました。No.4ァ 今はミスをすることによってバスケットボールの技術を上達させられると信じています。

（女）：すごい，ケンジ！それを聞いてうれしいわ。No.3ィ 次の試合はいつ？

（男）：ああ，No.3ィ 11月にあります。僕たちの試合を見に来てください！

（女）：いいわ。試合を見るのを楽しみにしているわ。がんばってね。

（男）：ありがとうございます，ブラウン先生。ベストを尽くします。

・先週の試合でケンジのチームは負けた。

・ブラウン先生はアメリカで10年間バスケットボールをしていた。

・ケンジはミスをすると友達に申し訳ないと思う。

・ブラウン先生はミスをすると友達に謝っていた。

・しかし，ブラウン先生の友達がまた挑戦すればいいと言った。その言葉と笑顔に励まされた。

・ケンジはブラウン先生からとても大切なことを学んだ。今ではミスをすることでバスケットボールの技術が上達すると信じている。

・ケンジの次の試合は11月にある。

・ブラウン先生は試合を楽しみにしている。

・ケンジはベストを尽くすつもりだ。

練習問題

解答　No.1　イ　　No.2　イ　　No.3　エ　　No.4　エ

 放送文　

（女）：Hi, Daiki. What will you do during the spring vacation?

（男）：My family will spend five days in Tokyo with my friend, Sam. He is a high school student from Sydney. I met him there.

（女）：I see. No.1 イ <u>Did you live in Sydney?</u>

（男）：No.1 イ <u>Yes. My father worked there when I was a child.</u> Sam's parents ★asked my father to take care of Sam in Japan. No.2 イ <u>He will come to my house in Osaka next week.</u>

（女）：Has he ever visited Japan?

（男）：No, he hasn't. I haven't seen him for a long time, but we often send e-mails to ★each other.

（女）：How long will he stay in Japan?

（男）：For ten days. No.3 エ <u>Have you ever been to Tokyo, Cathy?</u>

（女）：No.3 エ <u>No, but I'll visit there this May with my friend, Kate.</u> She lives in America. Do you often go to Tokyo?

（男）：Yes. My grandmother lives there. We will visit the zoo and the museum with her. We will also go shopping together.

（女）：★That sounds good. Sam will be very glad.

（男）：I hope so. Well, I sent him a book about Tokyo which has ★a lot of beautiful pictures.

（女）：Cool. I also want to give a book like that to Kate because No.4 エ <u>she likes taking pictures of beautiful places.</u> ★Actually, she has been to many foreign countries to take pictures.

（男）：That's interesting. I like taking pictures, too. So I want to see the pictures she took in other countries.

（女）：OK. I'll tell her about that.

（男）：Thank you.

Question No.1：Where did Daiki live when he was a child?

Question No.2：Who will come to Daiki's house next week?

Question No.3：Has Cathy visited Tokyo before?

Question No.4：What does Kate like to do?

覚えたい表現 Memory work

★ask＋人＋to〜「（人）に〜するように頼む」

★each other「お互いに」

★That sounds good.「それはいいね」
★a lot of 〜「たくさんの〜」

★actually「実際に／実は」

ダイキとキャシーの対話。ダイキの友達のサムと，キャシーの友達のケイトも出てくるよ。音声を聞きながら，誰が何をしたかをメモしよう。

日本語訳

解 説
Explanation

女：こんにちは，ダイキ。春休みは何をするの？

男：家族で，友達のサムと一緒に東京に5日間滞在するよ。サムはシドニー出身の高校生だよ。僕はシドニーで彼と知り合ったんだ。

女：そうなんだ。 No.1ｲ あなたはシドニーに住んでいたの？

男：No.1ｲ そうだよ。僕が子どものころ，父がシドニーで働いていたんだ。サムの両親が，日本に行くサムの面倒を見てくれるよう父に頼んだんだよ。

　　No.2ｲ サムは来週，大阪の我が家に来るよ。

女：彼は日本に来たことがあるの？

男：ないよ。僕も長いこと彼に会っていないんだ，でもお互いによくメールを送り合っているよ。

女：彼は日本にどのくらい滞在するの？

男：10日間だよ。No.3ｴ キャシーは東京に行ったことある？

女：No.3ｴ いいえ，でも友達のケイトと，今年の5月に行くつもりよ。彼女はアメリカに住んでいるわ。あなたはよく東京に行くの？

男：うん。祖母が住んでいるんだ。
　　僕たちは，祖母と一緒に動物園と博物館に行く予定だよ。
　　それから一緒に買い物にも行くつもりなんだ。

女：それはいいわね。サムはとても喜ぶと思うわ。

男：そうだといいな。そういえば，僕はサムに，素敵な写真がたくさん載っている東京に関する本を送ったんだよ。

女：いいわね。私もそういう本をケイトに送りたいわ，No.4ｴ 彼女は美しい場所の写真を撮るのが好きだから。
　　実は，彼女は写真を撮るためにたくさん外国に行っているのよ。

男：それは興味深いな。僕も写真を撮るのが好きだよ。
　　だから彼女が外国で撮った写真を見たいな。

女：わかった。彼女にそう伝えておくわ。

男：ありがとう。

Question No.1：ダイキは子どものころ，どこに住んでいましたか？

Question No.2：来週，誰がダイキの家に来ますか？

Question No.3：キャシーは以前，東京に行ったことがありますか？

Question No.4：ケイトは何をするのが好きですか？

No.1
ダイキについての質問だね。ダイキは幼少期にシドニーに住んでいたと言っているね。

No.2
ダイキの家に来るのは，ダイキの友達のサムだね。

No.3
キャシーは，東京に行く予定はあるけれど，まだ行ったことはないと言っているね。Has Cathy ～？と聞かれたから, No, she hasn't. と答えよう。

No.4
キャシーが友達のケイトの好きなことを紹介しているね。

◆ さらに詳しい解説

第6章　　　　英文と質問（複数）

基本問題

解答　No.1　ア　　No.2　エ　　No.3　ウ

 放送文　 13

覚えたい表現
Memory work

Today is the last day before summer vacation.

From tomorrow, you'll have twenty-five days of vacation and I'll give you some homework to do.

For your homework, you must write a report about the problems in the ★environment and you must use ★more than one hundred English words.

★environment
「環境」
★more than ～
「～以上」

We've ★finished reading the textbook about the problems in the environment.

★finish ～ ing
「～し終える」

So, No.1 ア in your report, you must write about ★one of the problems in the textbook that is interesting to you.

★one of ～
「～の1つ」

★The textbook says that there are many kinds of problems like water problems or fires in the mountains.

★the textbook says
(that)～「教科書に
は～と書いてある」

No.2 エ The textbook also says that everyone in the world must continue thinking about ★protecting the environment from these problems.

★protect A from B
「BからAを守る」

If you want to know more about it, use the Internet or books in the city library.

No.3 ウ Please give me your report at the next class.

I hope you enjoy this homework and have a good vacation.

音声を聞く前に，問題文，質問，選択肢の内容から，聞き取るべきキーワードをイメージできたかな？それらのキーワードに関連する部分を中心にメモをとろう。

日本語訳

解 説
Explanation

今日は夏休み前の最終日です。

明日からみなさんは25日間の休暇に入るので，宿題を出します。

みなさんは宿題として，環境問題についてのレポートを書いてください，なお，英単語を100語以上使わなければいけません。

私たちは環境問題についての教科書を読み終えました。

ですから No.1 ァレポートでは，教科書の中で自分の興味がある問題の1つについて書いてください。

教科書には，水問題や山火事のような，多くの種類の問題があると書いてあります。

No.2 ェまた，教科書には，世界中の誰もが，これらの問題から環境を守ることを考え続けなければいけない，とも書いてあります。

もっと詳しく知りたい人は，インターネットや市立図書館にある本を利用してください。

No.3 ゥレポートは，次の授業で私に提出してください。

みなさんがこの宿題を楽しみ，良い休暇を過ごすことを願っています。

・夏休み 前の 最終日 。明日から 25 日間の休みに入る。

・環境 問題についてのレポートを書く。英単語を 100 語以上使う。

・環境問題 についての 教科書 を読み終えた。

・教科書 の中で 興味 がある問題を選ぶ。

・教科書 には 世界中 の誰もが環境を 守ること について考え続けなければならないと書いてある。

・詳しく知りたい人は インターネット や 市立図書館 の本を利用する。

・次の授業 でレポートを提出する。

練習問題

解答 No.1 イ No.2 エ No.3 ウ No.4 イ

 放送文  14

Today, I'll tell you about my grandmother's birthday party.

Before her birthday, I talked about a birthday present for her with my father and mother.

My father said, "Let's go to a cake shop and buy a birthday cake." No.1 イ My mother said, "That's a good idea. I know a good cake shop." But when I saw my bag, I had another idea. I said, "No.2 エ My grandmother made this bag *as my birthday present last year, so I want to make a cake for her."

They agreed.

No.3 ウ On her birthday, I started making the cake at nine in the morning. My father and mother helped me because that was *my first time. I finished making it at one in the afternoon.

We visited my grandmother at six and started the party for her.

First, we enjoyed a special dinner with her.

After that, I showed her the cake.

When she saw it, she said, "Wow, did you make it? I'm so happy. Thank you, Kyoko."

I *was happy to hear that.

No.4 イ Then we *sang a birthday song for her and ate the cake with her. I'll never forget that wonderful day.

Question No.1 : Who knew a good cake shop?

Question No.2 : Why did Kyoko want to make a cake for her grandmother?

Question No.3 : *How many hours did Kyoko need to make the cake?

Question No.4 : What did Kyoko do at her grandmother's birthday party?

覚えたい表現
Memory work

★as ～ 「～として」

★my first time
「（私にとって）初めてのこと」

★be happy to ～
「～してうれしい」
★sang
sing「歌う」の過去形

★How many
hours ～ ?
「何時間～？」

選択肢から，No.1は人物，No.2は理由，No.3は時間，No.4は行動についての質問だと推測できるね。関連部分の音声に注意しながら聞き取ってメモをし，質問にそなえよう。

日本語訳

解説
Explanation

今日は，私の祖母の誕生日パーティーについて話そうと思います。

誕生日の前に，私は，祖母にあげる誕生日プレゼントについて両親と話しました。

父は，「ケーキ屋に行って誕生日ケーキを買おう」と言いました。

No.1 ィ母は，「いい考えね。私はおいしいケーキ屋を知っているわ」と言いました。しかし私は，自分のバッグを見て別の考えが浮かびました。

「No.2 ェおばあちゃんは去年，私の誕生日プレゼントとしてこのバッグを作ってくれたの。だから私はケーキを作りたいわ」と私は言いました。両親も賛成してくれました。

No.3 ゥ誕生日当日，私は午前9時からケーキを作り始めました。ケーキ作りは初めてのことだったので，両親が手伝ってくれました。私は午後1時にケーキを作り終えました。

私たちは6時に祖母の家に行き，パーティーを始めました。

まず，一緒にごちそうを楽しみました。

その後，私は祖母にケーキを見せました。

それを見ると，祖母は，「まあ，自分で作ったの？とってもうれしいわ。ありがとう，教子」と言いました。

私はそれを聞いてうれしくなりました。

No.4 ィそれから私たちは，祖母のために誕生日の歌を歌って，一緒にケーキを食べました。私はあの素晴らしい日を決して忘れません。

Question No.1：おいしいケーキ屋を知っていたのは誰ですか？

Question No.2：教子はなぜ祖母にケーキを作ってあげたかったのですか？

Question No.3：教子はケーキを作るのに何時間かかりましたか？

Question No.4：教子は祖母の誕生日パーティーで何をしましたか？

No.1
おいしいケーキ屋を知っていた人は，ケーキを買おうと言ったお父さんではないよ。教子のお母さんだね。

No.2
おばあちゃんがバッグを作ってくれたから，自分も手作りのものをあげたいと思ったんだね。

No.3
午前9時から午後1時までだから，4時間だね。

No.4
教子が話したのは，イの「祖母のために両親と誕生日の歌を歌った」だね。

第7章　　　　　　　作　文

基本問題

> 解答　No.1　（例文）We can give her some flowers.
>
> 　　　No.2　（例文）I can play soccer with him. It's bcause I can talk with him in Japanese while we are playing soccer.

 放送文　

★覚えたい表現
Memory work

No.1　⊛：Hi, John. Do you know our classmate Eiko will leave Tokyo and live in Osaka from next month? We have to ★say goodbye to her soon.

　　　⊛：Really, Kyoko? I didn't know that. I'm very sad.

　　　⊛：Me, too. Well, let's do something for Eiko. What can we do?

　　　⊛：(　　　)

★say goodbye to ～
「～にさよならを言う」

No.2　Hello, everyone.

Next week a student from Australia will come to our class and study with us for a month.

His name is Bob.

He wants to enjoy his stay.

He likes sports very much and wants to learn Japanese.

Please tell me what you can do for him and why.

No.1では引っ越すクラスメートに，No.2ではオーストラリアからの留学生に対してできることを英文で書くよ。間違えずに書ける単語や表現を使って短くまとめよう。

日本語訳

解説
Explanation

No.1 　女：こんにちは，ジョン。クラスメートのエイコが東京を去り，

　　　　来月から大阪に住むことになったって知ってる？

　　　　もうすぐさよならを言わなければならないわ。

　　　男：本当に，教子？それは知らなかったよ。とても悲しいね。

　　　女：私もよ。エイコのために何かしましょう。

　　　　何ができるかしら？

　　　男：（　　　　　）

No.1
東京から大阪へ引っ越すクラスメートにしてあげられることを書こう。
（例文の訳）
「花束をあげることができるね」
「(人)に(もの)をあげる」＝give＋人＋もの

No.2 　みなさん，こんにちは。

　　　来週，オーストラリアから１人の留学生がこのクラスに来て，

　　　一緒に１か月間勉強する予定です。

　　　彼の名前はボブです。

　　　彼はこの滞在を楽しみたいと思っています。

　　　彼はスポーツが大好きで，日本語を学びたいと思っています。

　　　あなたが彼のためにできることと，その理由を教えてください。

No.2
スポーツが大好きで日本語を学びたい留学生のためにできることと，その理由を書こう。
（例文の訳）
「僕は彼と一緒にサッカーをすることができます。サッカーをしながら，彼と日本語で話をすることができるからです」

練習問題

解答　No.1　ウ　　No.2　They should tell a teacher.

No.3　（例文）I want to go to America because there are a lot of places to visit.

 放送文  16

*Welcome to our school. I am Lucy, a second-year student of this school. We are going to show you around our school today. Our school was built in 2019, so it's still new.

Now we are in the gym.

We will start with the library, and I will *show you how to use it. Then we will look at classrooms and the music room, and _{No.1 ウ}we will finish at the lunch room. There, you will meet other students and teachers.

After that, we are going to have *a welcome party.

There is something more I want to tell you.

We took a group picture *in front of our school.

_{No.2}If you want one, you should tell a teacher tomorrow.

Do you have any questions?

Now let's start.

Please come with me.

Question No.1：Where will the Japanese students meet other students and teachers?

Question No.2：If the Japanese students want a picture, what should they do tomorrow?

Question No.3：If you study abroad, what country do you want to go to and why?

覚えたい表現
Memory work

★Welcome to ～.
「～へようこそ」

★show＋人＋もの
「(人)に(もの)を見せる」

★a welcome party「歓迎会」

★in front of ～
「～の前で」

「…ので～したい」＝I want to ～ because ….. は英作文でよく使う形なので覚えておこう。

日本語訳

私たちの学校へようこそ。私はルーシー，この学校の2年生です。

今日はみなさんに学校を案内します。

私たちの学校は2019年に建てられました，ですからまだ新しいですね。

私たちは今，体育館にいます。

まず図書館から始めましょう，その使い方を教えます。

それから，教室と音楽室を見て，No.1ウ最後に食堂を見ます。そこで，

みなさんは他の生徒や先生と対面することになっています。

その後，歓迎会をする予定です。

みなさんにお伝えしたいことがもう少しあります。

校舎の前でグループ写真を撮りましたね。

No.2その写真が欲しい人は，明日先生に申し出てください。

何か質問はありますか？

では行きましょう。

私についてきてください。

Question No.1：日本の生徒はどこで他の生徒や先生と会いますか？

Question No.2：日本の生徒は写真が欲しい場合，明日何をすべきですか？

Question No.3：もしあなたが留学するなら，どの国に行きたいですか，

　　　　　　　そしてそれはなぜですか？

解説
Explanation

No.1
他の生徒や先生と対面する場所は食堂＝the lunch roomだから，ウだね。

No.2
Ifで始まる文の後半の内容を答えればいいね。

No.3
したいこととその理由を答えるときは，I want to ～ because ….. の形を使おう。
(例文の訳)
「訪れるたくさんの場所があるので，私はアメリカに行きたいです」

P3	What do you want to do in the future?	あなたは将来何をしたいですか？
	by bike	自転車で
	Can you ～？	～してくれませんか？
	Can I ～？	～してもいいですか？
	look at ～	～を見る
	have to ～	～しなければならない
P5	What's the matter?	どうしたの？
	last night	昨夜
	go to bed	寝る
	get up	起きる
	for ～（期間を表す言葉）	～の間
	stop ～ing	～することをやめる
	How about ～？	～はどうですか？
	Thank you for ～ing.	～してくれてありがとう
	for ～（対象を表す言葉）	～のために
P7	What time shall we meet?	何時に待ち合わせる？
	the ＋最上級＋ in ＋○○	○○の中で最も…
	no ＋人	（人）が1人も～ない
	I've never ～.	私は一度も～したことがない
	keep ＋人／もの＋状態	（人／もの）を（状態）に保つ
P9	school festival	学園祭
	look ～	～のように見える
	next to ～	～のとなりに
	I hear（that）～.	～だそうだ
	be good at ～ing	～することが得意だ
	be glad to ～	～してうれしい
	over ～	～以上
	make a speech	スピーチをする
	the number of ～	～の数
	keep ～ing	～し続ける
	go up	増加する
	go down	減少する
P11	Have you ever been to ～？	～に行ったことがありますか？
	May I help you?	お手伝いしましょうか？／いらっしゃいませ
	look for ～	～を探す
	What are you going to do?	何をするつもりですか？
	go fishing	釣りに行く
	May I speak to ～？	（電話で）～さんをお願いできますか？
P13	You have the wrong number.	番号が違っています
	I've just ＋過去分詞.	ちょうど～したところだ
	be famous for ～	～で有名である
	How long does it take to ～？	～するのにどれくらい時間がかかりますか？
	There is no ～.	～がない
P15	be ready	準備ができている
	tell ＋人＋ to ～	（人）に～するように言う
	Would you like some more?	もう少しいかが？
	How much ～？	～はいくらですか？

P17	Are you free?	(時間)が空いている？
	be out	外出している
	want + 人 + to ～	(人)に～してほしい
	Can I leave a message?	伝言をお願いできますか？
	Could you ～?	～していただけませんか？
P19	What kind of ～?	どんな種類の～？
	be surprised to ～	～して驚く
	decide to ～	～することに決める／決心する
	from A to B	AからBまで
	international	国際的な
P21	be held	開催される
	on the second day	2日目に
	a long time ago	昔
	Shall we ～?	(一緒に)～しましょうか？
P23	What's up?	どうしたの？
	for a long time	長い間／ずっと
	the same time	同じ時間
	invite ～	～を招く／誘う
	how to ～	～する方法
P25	What happened?	何かあった？
	so…that ～	とても…なので～
	feel sorry for ～	～に申し訳なく思う
	tell + 人 + that ～	(人)に～と言う
	improve	上達する
	encourage ～	～を励ます
	since then	それ以来
	keep ～ in mind	～を心に留める
	look forward to ～ ing	～することを楽しみにする
	do one's best	ベストを尽くす
P27	ask + 人 + to ～	(人)に～するように頼む
	each other	お互いに
	That sounds good.	それはいいね
	a lot of ～	たくさんの～
	actually	実際に／実は
P29	environment	環境
	more than ～	～以上
	finish ～ ing	～し終える
	one of ～	～の1つ
	the textbook says (that) ～	教科書には～と書いてある
	protect A from B	BからAを守る
P31	as ～	～として
	my first time	(私にとって)初めてのこと
	be happy to ～	～してうれしい
	sang	sing「歌う」の過去形
	How many hours ～?	何時間～？
P33	say goodbye to ～	～にさよならを言う
P35	Welcome to ～.	～へようこそ
	show + 人 + もの	(人)に(もの)を見せる
	a welcome party	歓迎会
	in front of ～	～の前で

聞き違いをしやすい表現
Easy to mistake

1 聞き違いをしやすい数

サーティーン サーティ
thirteen 「13」 と thirty 「30」

 アクセントの位置に着目
後　　　　前
thirteen 「13」 と thirty 「30」

フォーテイーン　　フォーティ
fourteen 「14」 と forty 「40」　　　fifteen 「15」 と fifty 「50」

フィフテイーン　　フィフティ

シックステイーン　シックスティ
sixteen 「16」 と sixty 「60」　　　seventeen 「17」 と seventy 「70」

セブンテイーン　　　　セブンティ

エイテイーン　　　エイティ
eighteen 「18」 と eighty 「80」　　　nineteen 「19」 と ninety 「90」

ナインテイーン　　　ナインティ

2 聞き違いをしやすい英語

キャン　　　　　　　キャン(ト)
can 「できる」 と can't 「できない」

 次の単語との間に着目
間がない　　　間がある
can 〜　　　can't 〜

ウォント　　　　　　　ワントゥ
won't 「しないつもり」 と want to 「したい」　　　where 「どこ?」 と when 「いつ?」

フェアー　　　　　フェン

3 同じ発音で違う意味の英語

ワン　　　　　　ワン
won 「勝った」 と one 「1」

 単語の位置や文の意味で判断
「アイ ワン ザ プライズ」 だったら
→ I won the prize.
私は賞を勝ち取りました

レッド　　　　　レッド
red 「赤」 と read 「読んだ」

「アイ チョウズ ワン」 だったら
→ I chose one.
私は 1 つを選びました

4 セットで読まれる英語

ゼァリズ
There is

 連語表現の発音に慣れよう
「ゼアー」 と 「イズ」 を続けて読むと 「ゼァリズ」
There　　　　is

ゲラップ　　　　ピカップ　　　　オプニット　　　　シェイキット　　　トーカバウト　　　ハフトゥ
get up　　　　pick up　　　　open it　　　　shake it　　　　talk about　　　have to
ワノブ　　　　　ウォンチュー　　　ミーチュー　　　ディジュー　　　ミシュー
one of　　　　want you　　　　meet you　　　Did you　　　miss you

高校入試対策

英語リスニング
練習問題

基本問題集

:≡ contents

※**解答集は別冊です**

はじめに

　グローバル化が急速に進展する中で，外国語によるコミュニケーション能力は，一部の業種や職種だけでなく，今後の生活の様々な場面で必要になってきます。

　学習指導要領では，小・中・高等学校での一貫した外国語教育を通して，外国語による「聞くこと」，「読むこと」，「話すこと」，「書くこと」の４つの技能を習得し，簡単な情報や考えなどを理解したり伝えあったりするコミュニケーション能力を身につけることを目標としています。

　これを受けて，高校入試の英語リスニング問題は，公立高校をはじめ私立高校においても，問題数の増加や配点の上昇が顕著になってきています。

　本書は，全国の高校入試の英語リスニングでよく出題されるパターンを，７つの章に分類し，徹底的に練習できるようになっています。リスニングの出題形式に慣れるとともに，解き方，答え合わせや復習のしかたがよく分かるようになるので，限られた時間の中で効率よく学習ができます。

　高校入試の英語リスニング問題は，基礎的な単語や文法が中心で，長文読解問題に比べればそれほど複雑な内容ではありません。聴き取れれば解ける問題ばかりです。

　本書で，やさしい問題から入試レベルの問題までを繰り返し練習し，入試本番の得点力を身につけてください。

この問題集の特長と使い方

１．準備をする！

　　高校入試では一斉リスニングの場合がほとんどです。できればイヤホン（ヘッドホン）を使わずに，CDプレイヤーやスピーカーを準備しよう。

　　問題は，章ごとに「基本問題」と「練習問題」があります。「基本問題」に取りかかる前に，「👆ポイント」を読んでおこう。💬ヒント や 📝メモ，⚠ミスに注意 にも，あらかじめ目を通しておこう。

２．問題に取り組む！

　　準備ができたら，集中して音声を聴こう。間違えてもいいので必ず答えを書くことを心がけよう。

３．解答だけを確認する！

　　ひとつの問題を解き終えたら，解答集ですぐに答え合わせをしよう。このとき，まだ放送文や日本語訳は見ないでおこう。解答だけを確認したら，もう一度音声を聴こう。正解した問題は聴き取れたところを，間違えてしまった問題は聴き取れなかったところを，意識しながら聴いてみよう。

４．放送文を確認する！

　　今度は，解答集の放送文（英文）を目で追いながら音声を聴いてみよう。このとき，キーワードやキーセンテンス（カギとなる重要な文）を確実に聴き取れるまで何度も繰り返し聴いてみよう。途中で分からなくなったら最初から聴き直そう。

5．覚えたい表現やアドバイスを確認する！

　　解答集では，英語リスニング問題でよく出る「覚えたい表現」や，同じパターンの問題を解くときのコツなどをアドバイスしています。よく読んでおこう。

6．日本語訳を確認する！

　　解答集は，放送文と日本語訳が見開きのページに載っているので，照らし合わせながら確認しよう。内容を正しく理解できているか，会話表現の独特な言い回しをきちんと把握できているかを確認しよう。知らなかった単語や表現はここでしっかりと覚えておこう。

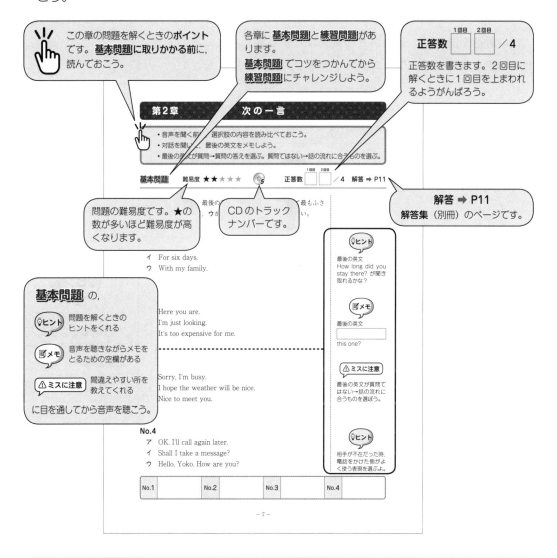

- 7 -

音声の聴き方

　　CDで音声を聴くことができます。CD以外でも，教英出版ウェブサイトでID番号を入力して音声を聴くことができます。ID番号を入力して音声を聴く方法は，都道府県版（別冊）の1ページをご覧ください。

- 音声を聞く前に選択肢の絵やグラフを見比べておこう。
- 絵やグラフを見比べたら，どんな英文が流れるか予想してみよう。
- 音声を聞きながら，答えに関係しそうな内容をメモしよう。

基本問題A　難易度 ★★★★★　　正答数 [1回目] [2回目] ／3　解答 ➡ P3

　　次の対話を聞いて，そのあとの質問に対する答えとして最もふさわしい絵を，ア，イ，ウ，エから1つ選び，記号を書きなさい。

No.1

ア　　　　　イ　　　　　ウ　　　　　エ

職業を選ぶ問題かな？

No.2

ア　　　　　イ　　　　　ウ　　　　　エ

「ヘルメットをかぶって自転車で公園に行き，野球をする」といった話かな？

No.3

ア　　　　　イ　　　　　ウ　　　　　エ

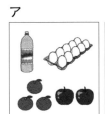   

卵

みかん [　] 個

りんご [　] 個

ジュース

No.1		No.2		No.3	

次の英文や対話を聞いて，そのあとの質問に対する答えとして最もふさわしい絵を，**ア，イ，ウ，エ**から1つ選び，記号を書きなさい。

No.1

ア　　　　イ　　　　ウ　　　　エ

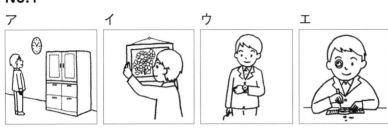

No.2

ア　　　　イ　　　　ウ　　　　エ

No.3

ア　　　　イ　　　　ウ　　　　エ

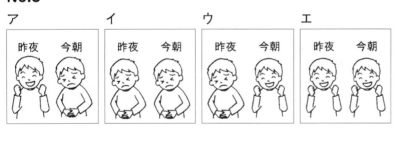

昨夜 今朝　　昨夜 今朝　　昨夜 今朝　　昨夜 今朝

No.4

ア　　　　イ　　　　ウ　　　　エ

No.1		No.2		No.3		No.4	

次の対話を聞いて，そのあとの質問に対する答えとして最もふさわしい絵やグラフを，ア，イ，ウ，エから1つ選び，記号を書きなさい。

No.1

ア　　　　イ　　　　ウ　　　　エ

No.2

ア　　　　イ　　　　ウ　　　　エ

No.3

ア　　　　イ　　　　ウ　　　　エ

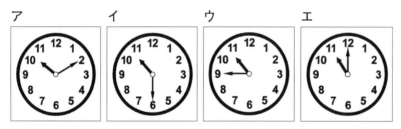

No.4　「球技大会で何をやりたいか？」～クラス別　アンケート結果～

ア　　　　イ　　　　ウ　　　　エ

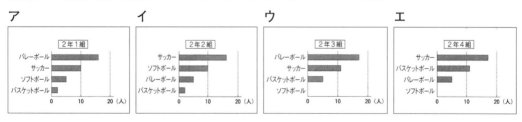

No.1		No.2		No.3		No.4	

次の対話や英文を聞いて，そのあとの質問に対する答えとして最もふさわしい絵やグラフを，ア，イ，ウ，エから1つ選び，記号を書きなさい。

No.1

ア　　　　イ　　　　ウ　　　　エ

No.2

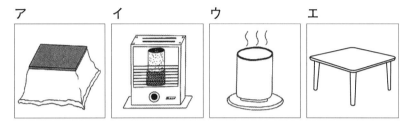

No.3

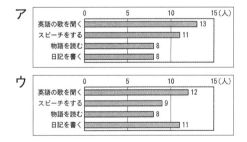
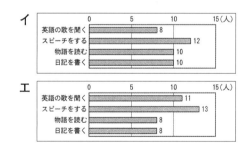

No.4

ア　　　　イ　　　　ウ　　　　エ

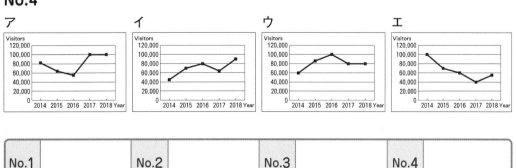

No.1		No.2		No.3		No.4	

- 音声を聞く前に，選択肢の内容を読み比べておこう。
- 対話を聞いて，最後の英文をメモしよう。
- 最後の英文が質問→質問の答えを選ぶ。質問ではない→話の流れに合うものを選ぶ。

基本問題　難易度 ★★★★★ 　　正答数 [1回目] [2回目] ／ 4　解答 ➡ P11

次の対話を聞いて，最後の英文に対する受け答えとして最もふさわしいものを，ア，イ，ウから1つ選び，記号を書きなさい。

No.1
ア　By plane.
イ　For six days.
ウ　With my family.

最後の英文
How long did you stay there? が聞き取れるかな？

No.2
ア　Here you are.
イ　I'm just looking.
ウ　It's too expensive for me.

最後の英文

this one?

No.3
ア　Sorry, I'm busy.
イ　I hope the weather will be nice.
ウ　Nice to meet you.

最後の英文が質問ではない→話の流れに合うものを選ぼう。

No.4
ア　OK. I'll call again later.
イ　Shall I take a message?
ウ　Hello, Yoko. How are you?

相手が不在だった時，電話をかけた側がよく使う表現を選ぶよ。

No.1		No.2		No.3		No.4	

次の対話を聞いて，最後の英文に対する受け答えとして最もふさわしいものを，ア，イ，ウ，エから1つ選び，記号を書きなさい。

No.1

ア　I don't know your phone number.

イ　I see. Do you want to leave a message?

ウ　Can you ask him to call me?

エ　I'm so sorry.

No.2

ア　Sorry. I haven't washed the tomatoes yet.

イ　I don't think so. Please help me.

ウ　Thanks. Please cut these carrots.

エ　All right. I can't help you.

No.3

ア　Ten o'clock in the morning.

イ　Only a few minutes.

ウ　Four days a week.

エ　Every Saturday.

No.4

ア　Sure. I'll do it now.

イ　No. I've never sent him a letter.

ウ　Yes. You found my name on it.

エ　Of course. I finished my homework.

No.1		No.2		No.3		No.4	

• 音声を聞く前に，選択肢の内容を読み比べておこう。
• 対話を聞いて，人物の名前や行動などをメモしよう。
• 質問を聞いて，誰の何についての質問かメモしよう。

基本問題　　難易度 ★★☆☆☆　　　正答数 1回目□ 2回目□ ／3　解答 ➡ P15

　次の対話や英文を聞いて，そのあとの質問に対する答えとして最もふさわしいものを，ア，イ，ウ，エから1つ選び，記号を書きなさい。

No.1

ア　She is going to do Mike's homework with her husband.

イ　She is going to cook dinner in the dining room.

ウ　She is going to go to the dining room with Mike.

エ　She is going to eat dinner with her husband and Mike.

メモ

マイク：□が終わった。おなかが□。□を呼びに行く。

母親：□の準備ができた。

No.2

ア　Yes, please. I want more.

イ　Help yourself, Lisa.

ウ　I'm sorry. I can't cook well.

エ　Of course. You can take it.

ヒント

対話の最後のリサの勧めに対する答えを選ぶよ。

No.3

ア　They are in the nurse's office.

イ　They are in the library.

ウ　They are at a stationery shop.

エ　They are at a birthday party.

ヒント

選択肢のThey areは共通だね。場所を選ぶ問題だよ。

No.1		No.2		No.3	

次の対話を聞いて，そのあとの質問に対する答えとして最もふさわしいものを，ア，イ，ウ，エから1つ選び，記号を書きなさい。

No.1

ア　This Saturday.

イ　This Sunday.

ウ　Tomorrow.

エ　Next Monday.

No.2

ア　To do Tom's homework.

イ　To bring Eita's math notebook.

ウ　To call Tom later.

エ　To leave a message.

No.3

ア　Because Mike said some museums in his country had *ukiyoe*.

イ　Because Mike learned about *ukiyoe* last weekend.

ウ　Because Mike went to the city art museum in Japan last weekend.

エ　Because Mike didn't see *ukiyoe* in his country.

No.4

ア　It took about 25 minutes from Toyama to Kanazawa.

イ　Hiroshi walked from Kanazawa Station to Kenroku-en.

ウ　Hiroshi went to many countries during his holiday.

エ　Hiroshi took a bus in Kanazawa.

No.1		No.2		No.3		No.4	

第4章　　語句を入れる

- 音声を聞く前に空欄を見て，聞き取る内容をしぼろう。
- fifteen「15」とfifty「50」などを聞き分けるために，数はアクセントに注意しよう。
- Tuesday「火曜日」とThursday「木曜日」の違いなど，曜日を正しく聞き取ろう。

基本問題　難易度 ★★★★★　◎**9**　正答数 1回目□ 2回目□ ／6　解答 ➡ P21

No.1 デイビッドと教子の対話を聞いて，【教子のメモ】のア，イ，ウにあてはまる言葉を日本語または数字で書きなさい。

📝メモ

お祭り：
□曜日～□曜日

ダンスイベント：
□日目

開始時刻: 午後□時

集合時刻:□分前

Tシャツの色:□色

【教子のメモ】

```
お祭りのダンスイベント
・（　ア　）曜日に行われる。
・集合時刻は午後（　イ　）。
・集合場所は音楽ホール。
・Tシャツの色は（　ウ　）色。
```

No.2 ケイトと英太の対話を聞いて，【英太のメモ】のア，イ，ウにあてはまる言葉を日本語または数字で書きなさい。

⚠ミスに注意

アクセントに注意して数を聞き取ろう。

【英太のメモ】

```
・古い建物は（　ア　）である。
・約（　イ　）年前に建てられ，学校として使われていた。
・昔の人々がどのように（　ウ　）していたかを見ることができる。
```

No.1	ア		イ		ウ	
No.2	ア		イ		ウ	

No.1　マイクとリサの対話を聞いて，対話のあとに【リサがナンシーの留守番電話に残したメッセージ】の**ア，イ**にあてはまる言葉を英語または数字で書きなさい。

【リサがナンシーの留守番電話に残したメッセージ】

> Hi, Nancy.　This is Lisa.
> Mike's brother is going to stay in Fukuoka for three weeks.
> So Mike and I have decided to take him to a ramen shop next （　ア　）.
> They will come to my house at （　イ　）, and we will walk to the shop.
> If you want to join us, please tell me.

No.2　ジェームスとアヤの対話を聞いて，対話のあとに【アヤがジェームスに送ったメール】の**ア，イ**にあてはまる言葉を英語で書きなさい。

【アヤがジェームスに送ったメール】

> Hi, James.
> I enjoyed the concert today.
> I am happy because I can （　ア　） how to play the violin from you.
> I will see you at your house on （　イ　）.

No.1	ア		イ	
No.2	ア		イ	

第5章　　　　対話と質問（複数）

- 音声を聞く前に，問題文をよく読み，登場人物の名前や立場を把握しよう。
- 音声を聞く前に，選択肢（と質問）から聞き取る内容をしぼろう。
- 音声を聞きながら，「誰が何をした」に関する内容をメモしよう。

基本問題　難易度 ★★★☆☆　◎11　正答数 1回目 2回目 ／ 4　解答 ➡ P25

ALTのブラウン先生とケンジの対話を聞いて，次の質問に対する答えとして最もふさわしいものを，ア，イ，ウから1つ選び，記号を書きなさい。

No.1　What happened to Kenji's basketball team last week?
ア　His team won the game.
イ　His team lost the game.
ウ　His team became stronger by practicing hard.

No.2　How does Kenji feel when he makes mistakes in the basketball game?
ア　He always feels sorry for his friends in his team.
イ　He doesn't understand how he feels.
ウ　He is encouraged by making mistakes.

No.3　When will Kenji have his next game?
ア　He will have it in December.
イ　He will have it in November.
ウ　He will have it in October.

No.4　Which is true?
ア　Kenji learned that he could improve his basketball skills by making mistakes.
イ　Kenji was encouraged by his friend's words and smile.
ウ　Kenji has played basketball for ten years in America.

メモ

- 先週の試合でケンジのチームは＿＿た。
- ブラウン先生は＿＿で＿＿年間バスケットボールをしていた。
- ケンジはミスをすると＿＿に＿＿と思う。
- ブラウン先生はミスをすると＿＿に＿＿いた。
- しかし，ブラウン先生の友達がまた＿＿すればいいと言った。その＿＿と＿＿に励まされた。
- ケンジはブラウン先生からとても＿＿なことを学んだ。今ではミスをすることで＿＿の技術が＿＿すると信じている。
- ケンジの次の＿＿は＿＿月にある。
- ブラウン先生は＿＿を楽しみにしている。
- ケンジは＿＿つもりだ。

No.1		No.2		No.3		No.4	

ダイキとキャシーの春休みの予定についての対話を聞いて，そのあとの質問に対する答えとして最もふさわしいものを，ア，イ，ウ，エから1つ選び，記号を書きなさい。

No.1
ア　He lived in Tokyo.
イ　He lived in Sydney.
ウ　He lived in Osaka.
エ　He lived in America.

No.2
ア　Cathy will.
イ　Sam will.
ウ　Sam's parents will.
エ　Kate will.

No.3
ア　Yes, she does.
イ　No, she doesn't.
ウ　Yes, she has.
エ　No, she hasn't.

No.4
ア　She likes to send e-mails.
イ　She likes to go shopping.
ウ　She likes to go to the zoo.
エ　She likes to take pictures.

No.1		No.2		No.3		No.4	

第6章　　　英文と質問（複数）

- 音声を聞く前に，問題文をよく読み，話をする人の名前や立場を把握しよう。
- 音声を聞く前に，選択肢（と質問）から聞き取る内容をしぼろう。
- 音声を聞きながら，キーワードをメモしよう。

基本問題　難易度 ★★★☆☆　◎13　正答数 [1回目] [2回目] ／3　解答 ➡ P29

ALTのグリーン先生が夏休みの宿題について話をします。それを聞いて，次の質問に対する答えとして最もふさわしいものを，ア，イ，ウ，エから1つ選び，記号を書きなさい。

No.1　生徒たちには，どのような宿題が出されましたか。
- ア　A report about one of the problems written in the textbook.
- イ　A report about what the students did during summer vacation.
- ウ　A report about how to use the city library.
- エ　A report about people around the world.

No.2　教科書には，何をしなければならないと書いてありましたか。
- ア　To read books in the city library for the report.
- イ　To finish writing a report about the problems in our environment.
- ウ　To learn about how the Internet can help the students.
- エ　To keep thinking about protecting our environment.

No.3　生徒たちは，いつ先生に宿題を提出しなければなりませんか。
- ア　After the next class.
- イ　At the end of summer vacation.
- ウ　At the first class after summer vacation.
- エ　At the last class of this year.

📝メモ
- ・[　]前の[　]。明日から[　]日間の休みに入る。
- ・[　]問題についてのレポートを書く。英単語を[　]語以上使う。
- ・[　]についての[　]を読み終えた。
- ・[　]の中で[　]がある問題を選ぶ。
- ・[　]には[　]の誰もが環境を[　]について考え続けなければならないと書いてある。
- ・詳しく知りたい人は[　]や[　]の本を利用する。
- ・[　]でレポートを提出する。

No.1		No.2		No.3	

教子が祖母の誕生日パーティーについて話をします。それを聞いて，そのあとの質問に対する答えとして最もふさわしいものを，ア，イ，ウ，エから1つ選び，記号を書きなさい。

No.1
ア　Kyoko's grandmother did.
イ　Kyoko's mother did.
ウ　Kyoko's father did.
エ　Kyoko did.

No.2
ア　Because Kyoko makes a birthday cake every year.
イ　Because Kyoko couldn't buy a cake at the cake shop.
ウ　Because Kyoko's grandmother asked her to make a cake.
エ　Because Kyoko's grandmother made a bag for her.

No.3
ア　Nine hours.
イ　Six hours.
ウ　Four hours.
エ　One hour.

No.4
ア　She enjoyed a special lunch with her grandmother.
イ　She sang a birthday song for her grandmother with her parents.
ウ　She said to her grandmother, "Thank you."
エ　She showed the bag to her grandmother.

No.1		No.2		No.3		No.4	

第7章　　作文

- 音声を聞く前に，登場人物と作文の条件を確認しよう。
- 本文→質問の順で放送されることが多い。質問は確実に聞き取ろう。
- 自信のない表現は避け，自分が正しく書ける表現を使って英文を作ろう。

基本問題　難易度 ★★★★☆　○15　正答数 □ □ ／2　解答 ➡ P33

No.1 ジョンと教子の対話を聞いて，教子の最後の問いかけに対する答えを，ジョンに代わって英文で書きなさい。

ヒント

転校していくクラスメートにしてあげられることを書こう。
We can ～「(僕らは)～できる」の書き出しではじめよう。

No.2 ALTのデイビッド先生の話を聞いて，先生の指示に対するあなたの答えを2文以上の英文で書きなさい。

ヒント

2文以上で書くよ。
質問で2つのことを聞かれるから，それぞれ1文ずつ書こう。
1文目は主語+can ～「～できる」の形で書くといいね。
2文目の理由は
It's because ～ .
「それは～だからだ」を使おう。

No.1	
No.2	

カナダの高校に留学にきた日本の生徒たちに向けてルーシーが学校の案内をします。その説明を聞いて，次の各問いに答えなさい。

No.1では，そのあとの質問に対する答えとして最もふさわしいものを，ア，イ，ウ，エから１つ選び，記号を書きなさい。

No.2 では，質問に対する答えをルーシーが説明した内容に合うように英文で書きなさい。

No.3 では，質問に対するあなたの答えを英文で書きなさい。

No.1

ア　In the gym.

イ　In the library.

ウ　In the lunch room.

エ　In front of their school.

No.2 （質問に対する答えを英文で書く）

No.3 （質問に対する答えを英文で書く）

No.1	
No.2	
No.3	

CDトラックナンバー 一覧

音声の聴き方

　CDで音声を聴くことができます。CD以外でも，教英出版ウェブサイトでID番号を入力して音声を聴くことができます。ID番号を入力して音声を聴く方法は，都道府県版（別冊）の1ページをご覧ください。